职业院校"十四五"规划餐饮类专业特色教材

全国餐饮职业教育教学指导委员会重点课题"基于烹饪专业人才培养目标的中高职课程体系与教材开发研究"成果系列教材

餐饮职业教育创新技能型人才培养新形态一体化系列教材

总主编 ◎ 杨铭铎

餐饮成本核算

主　编　赵新民　石　新　张　娜
副主编　王　维　申永奇　荣　波　高　波
编　者（按姓氏笔画排序）
　　　　王　维　石　新　申永奇　李延辉
　　　　张　娜　赵　君　赵新民　荣　波
　　　　桂　福　高　波

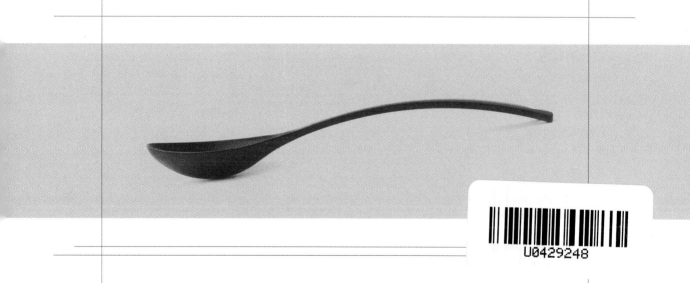

华中科技大学出版社
http://www.hustp.com
中国·武汉

内 容 简 介

本书为职业院校"十四五"规划餐饮类专业特色教材、全国餐饮职业教育教学指导委员会重点课题"基于烹饪专业人才培养目标的中高职课程体系与教材开发研究"成果系列教材、餐饮职业教育创新技能型人才培养新形态一体化系列教材之一。

全书分为七个项目,内容包括餐饮成本核算概述,烹饪主料、配料的核算,烹饪调料及燃料的成本核算,餐饮产品成本核算,餐饮产品销售价格核算,筵席成本和销售价格的核算,餐饮产品成本费用的控制与分析等。

本书可以作为职业院校烹饪及食品专业的教学用书,也可作为餐饮工作者及广大烹饪爱好者的培训进修及自学教材。

图书在版编目(CIP)数据

餐饮成本核算/赵新民,石新,张娜主编. —武汉:华中科技大学出版社,2020.9(2024.2重印)
ISBN 978-7-5680-6393-7

Ⅰ. ①餐… Ⅱ. ①赵… ②石… ③张… Ⅲ. ①饮食业-成本管理-职业教育-教材 Ⅳ. ①F719.3

中国版本图书馆 CIP 数据核字(2020)第 138129 号

餐饮成本核算
Canyin Chengben Hesuan

赵新民 石 新 张 娜 主编

策划编辑:汪飒婷
责任编辑:罗 伟
封面设计:廖亚萍
责任校对:李 琴
责任监印:周治超
出版发行:华中科技大学出版社(中国·武汉) 电话:(027)81321913
　　　　　武汉市东湖新技术开发区华工科技园 邮编:430223
录　　排:华中科技大学惠友文印中心
印　　刷:武汉科源印刷设计有限公司
开　　本:889mm×1194mm　1/16
印　　张:9.25
字　　数:216千字
版　　次:2024年2月第1版第6次印刷
定　　价:39.00元

本书若有印装质量问题,请向出版社营销中心调换
全国免费服务热线:400-6679-118　竭诚为您服务
版权所有　侵权必究

全国餐饮职业教育教学指导委员会重点课题
"基于烹饪专业人才培养目标的中高职课程体系与教材开发研究"成果系列教材
餐饮职业教育创新技能型人才培养新形态一体化系列教材

丛书编审委员会

主 任

姜俊贤　全国餐饮职业教育教学指导委员会主任委员、中国烹饪协会会长

执行主任

杨铭铎　教育部职业教育专家组成员、全国餐饮职业教育教学指导委员会副主任委员、中国烹饪协会特邀副会长

副 主 任

乔　杰　全国餐饮职业教育教学指导委员会副主任委员、中国烹饪协会副会长

黄维兵　全国餐饮职业教育教学指导委员会副主任委员、中国烹饪协会副会长、四川旅游学院原党委书记

贺士榕　全国餐饮职业教育教学指导委员会副主任委员、中国烹饪协会餐饮教育委员会执行副主席、北京市劲松职业高中原校长

王新驰　全国餐饮职业教育教学指导委员会副主任委员、扬州大学旅游烹饪学院原院长

卢　一　中国烹饪协会餐饮教育委员会主席、四川旅游学院校长

张大海　全国餐饮职业教育教学指导委员会秘书长、中国烹饪协会副秘书长

郝维钢　中国烹饪协会餐饮教育委员会副主席、原天津青年职业学院党委书记

石长波　中国烹饪协会餐饮教育委员会副主席、哈尔滨商业大学旅游烹饪学院院长

于干千　中国烹饪协会餐饮教育委员会副主席、普洱学院副院长

陈　健　中国烹饪协会餐饮教育委员会副主席、顺德职业技术学院酒店与旅游管理学院院长

赵学礼　中国烹饪协会餐饮教育委员会副主席、西安商贸旅游技师学院院长

吕雪梅　中国烹饪协会餐饮教育委员会副主席、青岛烹饪职业学校校长

符向军　中国烹饪协会餐饮教育委员会副主席、海南省商业学校校长

薛计勇　中国烹饪协会餐饮教育委员会副主席、中华职业学校副校长

委员（按姓氏笔画排序）

王　劲	常州旅游商贸高等职业技术学校副校长
王文英	太原慈善职业技术学校校长助理
王永强	东营市东营区职业中等专业学校副校长
王吉林	山东省城市服务技师学院院长助理
王建明	青岛酒店管理职业技术学院烹饪学院院长
王辉亚	武汉商学院烹饪与食品工程学院党委书记
邓　谦	珠海市第一中等职业学校副校长
冯玉珠	河北师范大学学前教育学院（旅游系）副院长
师　力	西安桃李旅游烹饪专修学院副院长
吕新河	南京旅游职业学院烹饪与营养学院院长
朱　玉	大连市烹饪中等职业技术专业学校副校长
庄敏琦	厦门工商旅游学校校长、党委书记
刘玉强	辽宁现代服务职业技术学院院长
闫喜霜	北京联合大学餐饮科学研究所所长
孙孟建	黑龙江旅游职业技术学院院长
李　俊	武汉职业技术学院旅游与航空服务学院院长
李　想	四川旅游学院烹饪学院院长
李顺发	郑州商业技师学院副院长
张令文	河南科技学院食品学院副院长
张桂芳	上海市商贸旅游学校副教授
张德成	杭州市西湖职业高级中学校长
陆燕春	广西商业技师学院院长
陈　勇	重庆市商务高级技工学校副校长
陈全宝	长沙财经学校校长
陈运生	新疆职业大学教务处处长
林苏钦	上海旅游高等专科学校酒店与烹饪学院副院长
周立刚	山东银座旅游集团总经理
周洪星	浙江农业商贸职业学院副院长
赵　娟	山西旅游职业学院副院长
赵汝其	佛山市顺德区梁銶琚职业技术学校副校长
侯邦云	云南优邦实业有限公司董事长、云南能源职业技术学院现代服务学院院长
姜　旗	兰州市商业学校校长
聂海英	重庆市旅游学校校长
贾贵龙	深圳航空有限责任公司配餐部经理
诸　杰	天津职业大学旅游管理学院院长
谢　军	长沙商贸旅游职业技术学院湘菜学院院长
潘文艳	吉林工商学院旅游学院院长

网络增值服务

使 用 说 明

欢迎使用华中科技大学出版社医学资源网

教师使用流程

（1）登录网址：http://yixue.hustp.com （注册时请选择教师用户）

注册 → 登录 → 完善个人信息 → 等待审核

（2）审核通过后，您可以在网站使用以下功能：

浏览教学资源　　建立课程　　管理学生　　布置作业　　查询学生学习记录等

教师

学员使用流程

（建议学员在PC端完成注册、登录、完善个人信息的操作）

（1）PC端学员操作步骤

① 登录网址：http://yixue.hustp.com（注册时请选择普通用户）

注册 → 登录 → 完善个人信息

② 查看课程资源：（如有学习码，请在"个人中心—学习码验证"中先通过验证，再进行操作）

首页课程 → 课程详情页 → 查看课程资源（选择课程）

（2）手机端扫码操作步骤

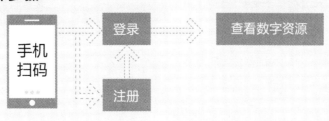

手机扫码 → 登录 → 查看数字资源 / 注册

开展餐饮教学研究　加快餐饮人才培养

餐饮业是第三产业重要组成部分,改革开放40多年来,随着人们生活水平的提高,作为传统服务性行业,餐饮业对刺激消费需求、推动经济增长发挥了重要作用,在扩大内需、繁荣市场、吸纳就业和提高人民生活质量等方面都做出了积极贡献。就经济贡献而言,2018年,全国餐饮收入42716亿元,首次超过4万亿元,同比增长9.5%,餐饮市场增幅高于社会消费品零售总额增幅0.5个百分点;全国餐饮收入占社会消费品零售总额的比重持续上升,由上年的10.8%增至11.2%;对社会消费品零售总额增长贡献率为20.9%,比上年大幅上涨9.6个百分点;强劲拉动社会消费品零售总额增长了1.9个百分点。全面建成小康社会的号角已经吹响,作为满足人民基本需求的饮食行业,餐饮业的发展好坏,不仅关系到能否在扩内需、促消费、稳增长、惠民生方面发挥市场主体的重要作用,而且关系到能否满足人民对美好生活的向往、实现全面建成小康社会的目标。

一个产业的发展,离不开人才支撑。科教兴国、人才强国是我国发展的关键战略。餐饮业的发展同样需要科教兴业、人才强业。经过60多年特别是改革开放40多年来的大发展,目前烹饪教育在办学层次上形成了中职、高职、本科、硕士、博士五个办学层次;在办学类型上形成了烹饪职业技术教育、烹饪职业技术师范教育、烹饪学科教育三个办学类型;在学校设置上形成了中等职业学校、高等职业学校、高等师范院校、普通高等学校的办学格局。

我从全聚德董事长的岗位到担任中国烹饪协会会长、全国餐饮职业教育教学指导委员会主任委员后,更加关注烹饪教育。在到烹饪院校考察时发现,中职、高职、本科师范专业都开设了烹饪技术课,然而在烹饪教育内容上没有明显区别,层次界限模糊,中职、高职、本科烹饪课程设置重复,拉不开档次。各层次烹饪院校人才培养目标到底有哪些区别?在一次全国餐饮职业教育教学指导委员会和中国烹饪协会餐饮教育委员会的会议上,我向我国从事餐饮烹饪教育时间很久的资深烹饪教育专家杨铭铎教授提出了这一问题。为此,杨铭铎教授研究之后写出了《不同层次烹饪专业培养目标分析》《我国现代烹饪教育体系的构建》,这两篇论文回答了我的问题。这两篇论文分别刊登在《美食研究》和《中国职业技术教育》上,并收录在中国烹饪协会发布的《中国餐饮产业发展报告》之中。我欣喜地看到,杨铭铎教授从烹饪专业属性、学科建设、课程结构、中高职衔接、课程体系、课程开发、校企合作、教师队伍建设等方面进行研究并提出了建设性意见,对烹饪教育发展具有重要指导意义。

杨铭铎教授不仅在理论上探讨烹饪教育问题,而且在实践上积极探索。2018年在全国餐饮职业教育教学指导委员会立项重点课题"基于烹饪专业人才培养目标的中高职课程体系与教材开发研究"(CYHZWZD201810)。该课题以培养目标为切入点,明晰烹饪专业人才培养规格;以职业技能为结合点,确保烹饪人才与社会职业有效对接;以课程体系为关键点,通过课程结构与课程标准精准实现培养目标;以教材开发为落脚点,开发教学过程与生产过程对接的、中高职衔接的两套烹饪专业课程系列教材。这一课题的创新点在于:研究与编写相结合,中职与高职相同步,学生用教材与教师用参考书相联系,资深餐饮专家领衔任总主编与全国排名前列的大学出版社相协作,编写出的中职、高职系列烹饪专业教材,解决了烹饪专业文化基础课程与职业技能课程脱节,专业理论课程设置重复,烹饪技能课交叉,职业技能倒挂,教材内容拉不开层次等问题,是国务院《国家职业教育改革实施方案》提出的完善教育教学相关标准中的持续更新并推进专业教学标准、课程标准建设和在职业院校落地实施这一要求在烹饪职业教育专业的具体举措。基于此,我代表中国烹饪协会、全国餐饮职业教育教学指导委员会向全国烹饪院校和餐饮行业推荐这两套烹饪专业教材。

习近平总书记在党的十九大报告中将"两个一百年"奋斗目标调整表述为:到建党一百年时,全面建成小康社会;到新中国成立一百年时,全面建成社会主义现代化强国。经济社会的发展,必然带来餐饮业的繁荣,迫切需要培养更多更优的餐饮烹饪人才,要求餐饮烹饪教育工作者提出更接地气的教研和科研成果。杨铭铎教授的研究成果,为中国烹饪技术教育研究开了个好头。让我们餐饮烹饪教育工作者与餐饮企业家携起手来,为培养千千万万优秀的烹饪人才、推动餐饮业又好又快地发展,为把我国建成富强、民主、文明、和谐、美丽的社会主义现代化强国增添力量。

全国餐饮职业教育教学指导委员会主任委员

中国烹饪协会会长

出版说明

《国家中长期教育改革和发展规划纲要(2010—2020年)》及《国务院办公厅关于深化产教融合的若干意见(国办发〔2017〕95号)》等文件指出：职业教育到2020年要形成适应经济发展方式的转变和产业结构调整的要求，体现终身教育理念，中等和高等职业教育协调发展的现代教育体系，满足经济社会对高素质劳动者和技能型人才的需要。2019年2月，国务院印发的《国家职业教育改革实施方案》中更是明确提出了提高中等职业教育发展水平、推进高等职业教育高质量发展的要求及完善高层次应用型人才培养体系的要求；为了适应"互联网＋职业教育"发展需求，运用现代信息技术改进教学方式方法，对教学教材的信息化建设，应配套开发信息化资源。

随着社会经济的迅速发展和国际化交流的逐渐深入，烹饪行业面临新的挑战和机遇，这就对新时代烹饪职业教育提出了新的要求。为了促进教育链、人才链与产业链、创新链有机衔接，加强技术技能积累，以增强学生核心素养、技术技能水平和可持续发展能力为重点，对接最新行业、职业标准和岗位规范，优化专业课程结构，适应信息技术发展和产业升级情况，更新教学内容，在基于全国餐饮职业教育教学指导委员会2018年度重点课题"基于烹饪专业人才培养目标的中高职课程体系与教材开发研究"(CYHZWZD201810)的基础上，华中科技大学出版社在全国餐饮职业教育教学指导委员会副主任委员杨铭铎教授的指导下，在认真、广泛调研和专家推荐的基础上，组织了全国90余所烹饪专业院校及单位，遴选了近300位经验丰富的教师和优秀行业、企业人才，共同编写了本套全国餐饮职业教育教学指导委员会重点课题"基于烹饪专业人才培养目标的中高职课程体系与教材开发研究"成果系列教材、餐饮职业教育创新技能型人才培养新形态一体化系列教材。

本套教材力争契合烹饪专业人才培养的灵活性、适应性和针对性，符合岗位对烹饪专业人才知识、技能、能力和素质的需求。本套教材有以下编写特点：

1. 权威指导，基于科研　本套教材以全国餐饮职业教育教学指导委员会的重点课题为基础，由国内餐饮职业教育教学和实践经验丰富的专家指导，将研究成果适度、合理落脚于教材中。

2. 理实一体，强化技能　遵循以工作过程为导向的原则，明确工作任务，并在此基础上将与技能和工作任务集成的理论知识加以融合，使得学生在实际工作环境中，将知识和技能协调配合。

3. 贴近岗位，注重实践　按照现代烹饪岗位的能力要求，对接现代烹饪行业和企业的职业技能标准,将学历证书和若干职业技能等级证书("1+X"证书)内容相结合,融入新技术、新工艺、新规范、新要求,培养职业素养、专业知识和职业技能,提高学生应对实际工作的能力。

4.编排新颖,版式灵活 注重教材表现形式的新颖性,文字叙述符合行业习惯,表达力求通俗、易懂,版面编排力求图文并茂、版式灵活,以激发学生的学习兴趣。

5.纸质数字,融合发展 在新形势媒体融合发展的背景下,将传统纸质教材和我社数字资源平台融合,开发信息化资源,打造成一套纸数融合的新形态一体化教材。

本系列教材得到了全国餐饮职业教育教学指导委员会和各院校、企业的大力支持和高度关注,它将为新时期餐饮职业教育做出应有的贡献,具有推动烹饪职业教育教学改革的实践价值。我们衷心希望本套教材能在相关课程的教学中发挥积极作用,并得到广大读者的青睐。我们也相信本套教材在使用过程中,通过教学实践的检验和实际问题的解决,能不断得到改进、完善和提高。

前言

依据全国餐饮职业教育教学指导委员会立项的"基于烹饪专业人才培养目标的中高职课程体系与教材开发研究"课题要求,结合2018年哈尔滨、2019年武汉会议精神,围绕现代职业教育的要求,在课题组及教材开发组的统一领导下,先后组织全国各地有关学校的教师及专家进行研究与探讨,形成了教材编写方案,并先后多次修改,最终达成统一意见。

"餐饮成本核算"是中等职业院校烹饪工艺专业的专业理论课程。本课程旨在教育和传授学生核算管理方面的知识与技能,培养学生形成管理方面的意识与能力,尽快实现由学生向生产者和管理者的转变。

本教材在编写过程中主要突出以下特点。

1. 紧盯市场变化,适应行业需要,将教材的编写重点放在学以致用上,放在如何与市场需要紧密结合上。

2. 及时吸纳各种先进的工艺、方法、设备、技术、理念,以确保编写教材的前瞻性、科学性和先进性。

3. 结合行业的实际情况,大胆引入各种具有特色的核算管理案例,突出部门人员"角色"作用,以"例"服人。

本教材在编写过程中采用了成本"四要素"学说,在具体教学过程中,若采用成本"三要素"学说,可在"四要素"学说基础之上略做调整即可(省略掉燃料要素)。

本教材可以作为职业院校烹饪及食品专业的教学用书,也可作为餐饮工作者及广大烹饪爱好者的培训进修及自学教材。

本教材由赵新民、石新、张娜任主编,王维、申永奇、荣波、高波任副主编,参加编写的人员具体分工如下:王维、赵新民、荣波编写项目一、项目二、项目三;张娜、申永奇、赵君、桂福编写项目四、项目七;石新、高波、李延辉编写项目五、项目六。本教材由赵新民统稿,王维也参与了本教材的整理。

本教材在编写过程中,参考了大量前人的研究成果,因篇幅所限,在此就不一一列举,而在书末参考文献中统一进行列示,在此表示感谢!另外本教材在编写整理过程中得到西安商贸旅游技师学院刘斌老师的大力支持,在此特表感谢。

由于编者水平所限,书中难免出现不妥之处,望各位专家和读者批评指正。

编者

目录

项目一　餐饮成本核算概述　　1
任务一　餐饮成本核算的意义与作用　　1
任务二　餐饮业成本构成与产品成本因素　　7

项目二　烹饪主料、配料的核算　　11
任务一　烹饪净料概述　　11
任务二　净料率与损耗率　　13
任务三　主料和辅料的成本核算　　33

项目三　烹饪调料及燃料的成本核算　　42
任务一　烹饪调料的核算　　42
任务二　燃料成本的核算　　49

项目四　餐饮产品成本核算　　53
任务一　餐饮产品成本核算概述　　53
任务二　餐饮点心、菜肴的成本核算　　58

项目五　餐饮产品销售价格核算　　73
任务一　餐饮产品的价格及构成　　73
任务二　餐饮产品销售毛利率和成本毛利率　　77
任务三　餐饮产品价格核算的方法　　83

项目六　筵席成本和销售价格的核算　　89
任务一　筵席概述　　89
任务二　筵席的成本与销售价格的核算　　94

项目七　餐饮产品成本费用的控制与分析　　98
任务一　餐饮产品成本控制概述　　98
任务二　餐饮产品成本控制的方法　　102
任务三　餐饮产品成本分析　　108

附录　　115
附录 A　现代餐饮企业经营管理——全数字化网络经营管理平台　　115
附录 B　度量衡的单位及换算　　121
附录 C　中式烹调师国家职业标准　　123

主要参考文献　　132

项目一

餐饮成本核算概述

扫码看课件

项目描述

餐饮成本核算是餐饮市场激烈竞争的必然需要。随着餐饮企业的迅速发展,市场竞争日趋激烈,再加上人们对餐饮业需求质量的逐步提高,餐饮企业的生存和发展面临着严峻的挑战。要生存、求发展,就必须创新意、控成本,提高企业经济效益,增强企业的竞争能力。因此,对餐饮成本进行核算,加强餐饮企业成本控制,尽可能为顾客提供超值服务,已成为餐饮企业经营管理的核心目标和任务。

项目目标

了解餐饮业的地位和作用及餐饮企业的特点,熟悉成本核算的意义与作用,掌握餐饮业成本构成及产品成本因素。

任务一 餐饮成本核算的意义与作用

建议课时:2课时

任务描述

随着我国旅游事业的蓬勃发展,旅游餐饮业更加兴旺发达,彼此之间的竞争也更加激烈。在激烈的市场竞争中想要立于不败之地,除了要形成企业特色外,在经营管理方面,还要运用科学的方法,分析实际工作中所产生的各类成本,降低成本,强化企业管理。因此,做好餐饮成本核算工作,对于提高本企业的经济效益具有重大意义。

任务导入

2013—2018年中国餐饮行业规模整体呈现增长趋势,行业整体增速维持在10%左右。2018年全国餐饮收入为42716亿元,突破4万亿元大关,表明我国餐饮市场已经进入发展新阶段。截至2019年上半年,中国已有约900万家餐饮店,这一庞大的市场,为我们职业教育提出了更高的要求和期待。

任务目标

1. 餐饮成本核算的概念和特征。
2. 餐饮成本核算的意义。
3. 餐饮成本核算的作用。

一、餐饮业的地位和作用

（一）餐饮业是国民经济的重要行业

目前餐饮业已经逐步发展成为国民经济生活中的一个重要行业。其重要性，首先表现在餐饮业能够为社会创造大量财富。餐饮业通过自身的生产活动和服务销售，增加了产品的价值，为国家创造了大量的税收。同时餐饮业的发展也带动了相关行业的发展，这种带动主要表现在建筑、养殖、种植、饮料等行业。

（二）餐饮业是旅游业的重要基础设施和文化旅游资源

作为旅游业食、住、行、游、购、娱六大要素中的重要组成部分，旅游业离不开餐饮业的支持。人类文明的发展造就了餐饮文化。餐饮作为一种重要的社会文化现象，其本身就是一种重要的旅游资源，吸引着各地的旅游者。餐饮业不仅仅是一种旅游的基础设施，而且是一种重要的文化旅游资源。

（三）餐饮业能够改变人们的生活方式

餐饮业的发展逐步改变了人们的日常消费模式和消费结构，越来越多的人将外出餐饮作为一种新的生活方式，将外出用餐作为一种娱乐来对待。经济越发达，社会交往越频繁，家务劳动社会化程度越高，就越能发挥餐饮在改变人们的生活方式和消费结构上的作用。

（四）增加劳动就业机会

餐饮业属于劳动密集型行业，对员工的文化要求比较不高，为社会减轻了就业压力。餐饮业的不断壮大，为社会提供了大量的就业机会。

二、餐饮业的经营特点

餐饮业的经营活动既不同于一般企业生产活动，又不同于商业企业的买卖活动，有着自己的特点。餐饮企业执行着生产、销售和服务三种职能。

（一）餐饮的生产特点

❶ 餐饮产品规格多，每次生产批量小

只有客人进入餐厅点菜后，餐饮企业才能组织菜肴的生产与销售。这就意味着餐饮产品的生产与销售基本同步，而不能先生产后销售。因此，菜肴与其他工业产品大批量、统一规格的生产是明显不同的。这给餐饮产品的统一标准与质量管理带来了许多问题。

❷ **餐饮生产过程时间短**

餐饮产品的生产、销售与客人的消费几乎同时进行。因此,客人从点菜到消费的时间相当短暂。这对厨师的经验与技术是一个很大的考验,对服务员的直接推销和对客服务也是一大挑战。

❸ **生产量难以预测**

就餐客人何时来、来多少、消费什么餐饮产品等一直是困扰餐饮管理者的问题。大多数客人不通过预订而是直接上门来消费。因此,客人的消费需求很难准确预估,产量的随机性强,且难以预测。

❹ **餐饮原料及产品容易变质**

相当一部分餐饮产品是用鲜活的餐饮原料制作的,具有很强的时间性和季节性,若处理不当极易腐烂变质,因此,必须加强原料管理才能保证产品质量并控制餐饮成本。

❺ **餐饮产品生产过程环节多、管理难度大**

餐饮产品的生产从餐饮原料的采购、验收、储存、加工、烹制、餐厅服务到收款,整个生产过程的业务环节较多,任一环节的差错都会影响餐饮产品的质量及企业的效益。因此,餐饮产品生产过程的管理难度较大。

(二)餐饮的销售特点

❶ **餐饮销售量受餐位数量的限制**

餐饮企业接待的客人数量受营业面积大小、餐位数量多少的限制。在餐位全部满座的情况下餐厅不能扩大销售量。因此,餐饮企业必须改善就餐环境,提高餐位利用率,增加就餐客人的人均消费额。

❷ **餐饮销售量受进餐时间的限制**

人们的就餐时间有一定的规律。就餐时间一到,餐厅高朋满座,而就餐时间一过,餐厅则门可罗雀,餐饮的销售具有明显的间歇性。因此,餐饮企业应通过增加服务项目、延长营业时间等方法来努力提高餐饮销售量。

❸ **餐饮固定成本及变动费用较高**

餐饮企业的各种餐厨设备、用品的投资较大,且人力资源费用、能源费用、原料成本等的支出也较高。因此,餐饮企业应想方设法努力控制固定成本与变动费用,以提高企业的经济效益。

❹ **餐饮经营的资金周转较快**

餐饮企业的经营毛利率较高,且相当一部分餐饮销售收入以收取现金为主,大部分餐饮原料为当天采购、当天销售。因此,餐饮企业的资金周转较快。

(三)餐饮的服务特点

❶ **无形性**

无形性是服务产品的共性。餐饮服务的无形性是指就餐客人只有在购买并享用餐饮产品后,才能凭借其生理与心理满足程度来评估其优劣。

❷ 一次性

餐饮服务的一次性是指餐饮服务只能当次享用,过时则不能再使用。这就要求餐饮企业应接待好每一位客人,提高每一位就餐客人的满意程度,才能使他们再次光临。

❸ 直接性

餐饮服务的直接性是指餐饮产品的生产、销售、消费几乎是同步进行的,即企业的生产过程就是客人的消费过程。这意味着餐厅既是餐饮产品的生产场所,也是餐饮产品的销售场所,这就要求餐饮企业既要注重服务过程,还要重视就餐环境。

❹ 差异性

餐饮服务的差异性主要表现为两个方面:一方面,不同的餐饮服务员由于年龄、性别、性格、受教育程度及工作经历的差异,他们为客人提供的服务肯定不尽相同;另一方面,同一服务员在不同的场合、不同的时间,其服务态度、服务效果等也会有一定的差异。这就要求餐饮企业应制定服务标准,并加强服务过程的控制。

三、餐饮成本核算的概念和特征

(一)餐饮成本核算

❶ 餐饮成本

餐饮成本有广义与狭义之分。广义的餐饮成本包括原材料、工资费用、其他费用(包括水、电、煤气费,购买餐具、厨具费,餐具破损费,清洁、洗涤费,办公用品费,银行利息,租金,电话费,差旅费等)。狭义的餐饮成本仅指餐饮企业各营业部门为正常营业所需而购进的各种原材料费用。

❷ 餐饮成本核算

餐饮成本核算就是通过记账和算账,对餐饮企业在一定时期生产的各种产品的费用支出进行汇总和分配,从而确定餐饮各项产品的成本。

(二)餐饮成本核算的特征

餐饮成本的核算有着自身的特点,主要表现为以下几个方面。

❶ 餐饮成本核算难度大

餐饮企业的经营管理不同于普通的商业企业或工业企业。餐饮生产的特点是先有顾客,再安排生产,并且现生产现销售,因此给餐饮管理和成本核算带来一定的难度,具体表现如下。

(1)销售量难以预测

餐饮企业很难预测某一天到底会有多少顾客光临,光临的顾客又会有多少消费额等,这一切可以说都是未知数,因此。最终会消耗多少原材料也难以准确地计算出来,只能是凭客人的预定和管理人员的经验来预测,所以难免会有一定的误差。

(2)原材料的准备难以估计

正因为销售量难以预测,餐饮企业所需的原材料数量也难以精确估计,因此需要有较多的原材料库存作为物质保证,但原材料的库存过多会导致其损耗或变质,并增加库存费用;而原材料的库存过少又会造成供不应求,并增加采购费用。这就要求餐饮企业具有较为灵活的原料采购机制,应根据客人的消耗量随时组织采购,既满足客人的需要,又为企业增加效益。

(3) 单一产品的成本核算难度大

餐饮产品品种繁多,每次生产的数量零星,并且边生产边销售。另外,餐饮产品的原材料成本随着市场、季节、消费者的要求等经常变化,因此,按产品逐次进行成本核算几乎没有可能。这就要求企业建立相应的成本核算和控制制度,以确保企业的既得利益。

❷ 餐饮成本构成简单

生产加工企业的产品成本包括各种原材料的成本、燃料和能源费用、劳力成本、企业管理费等,而餐饮产品的成本仅包括所耗用的原材料成本,即主料、配料、调料和燃料成本,其构成要比其他企业的产品成本简单得多。

❸ 餐饮成本核算与成本控制直接影响利润

餐饮企业的每日就餐人数及其人均消费额都不固定,说明其每日总销售额各不相同,具有很大的伸缩性。通过加强管理,创造餐饮经营特色等方法可增加营业收入,但其利润的多少却取决于成本核算与成本控制。通过精打细算,可减少原材料消耗并避免浪费,降低餐饮成本,保证企业的应有利润。

四、餐饮成本核算的意义

(一) 正确执行国家的物价政策

贯彻执行国家的物价政策,在餐饮企业是通过执行一定的价格水平(毛利率)来实现的,同时也取决于成本核算的精确与否。如果成本核算不准而忽高忽低,即使按规定的毛利率核定饮食产品的售价,也不会得出合理的价格,更不可能正确体现国家的物价政策。其结果将损害消费者的利益,影响企业经营。因此,搞好成本核算工作是正确执行国家物价政策的重要一环。

(二) 维护消费者的利益

餐饮企业是为广大人民群众服务的。要服务得好,不但要改善服务态度,提高服务效率,重视产品质量,而且要切实维护消费者的利益,实行合理负担,做到买卖公平,价廉物美。否则即使其他方面工作做得很好,群众也不会满意。而要做到买卖公平,首先要精确地核算产品成本。因此,认真搞好成本核算乃是维护消费者利益的必要前提。

(三) 为国家提供合理积累

餐饮企业在为人民生活服务的同时,还担负着为国家提供合理积累的任务。成本核算不准,如果偏高,就会损害群众的利益,而如果偏低,则将影响到企业经营的成果,使企业减少盈利甚至造成不应有的亏损,进而影响到国家利益的积累。因此,必须正确把好成本核算这道关,保证企业盈利和为国家提供合理积累。

(四) 促进企业改善经营管理

成本核算是企业经营管理的重要内容之一。只有采用严格的核查制度并认真实施之后,才能全面考察企业的经营是否有利,管理水平是否先进。因此,做好成本核算工作,对于促进饮食企业管理的改善工作有着重要的意义。

五、餐饮成本核算的作用

餐饮成本核算可为合理制定餐饮产品的销售价格打下基础;一般来说,烹饪原料成本高、工艺复杂的菜肴定价要高一些,工艺平常的菜肴定价要适中合理,大众菜的定价要略低一些,对特殊工艺、客人特别要求的菜定价适当高一些。其具体作用如下:为厨房的生产操作投料提供标准;精确地计算每种产品的总成本和单位成本,并使实际操作的用料和核定的用料一致;揭示产品成本升高或降低的原因,积极促进降低成本;促进餐饮企业的经营管理者制定降低成本的措施,健全各项规章制度,提高经济效益。

相关知识

最低的成本,最高的利润

最低的成本,最高的利润,这是每个餐饮管理者都想达到的理想要求,有效的餐饮管理涉及几个不同的挑战,如公共关系、库存、员工处理和客户服务等。强大的管理者是成功餐饮的重要组成部分,无论你是自己处理工作还是监督其他正在做这件事的人,都要记住以下八大黄金要素。

要素一:顾客。顾客永远是对的,这是任何服务企业的黄金法则,即使你不同意客户的投诉,你如何处理投诉将决定客户是否会再来。

要素二:人员。餐厅工作人员的期望你应该清楚,从服务员到家庭厨房员工,如果你的餐厅要顺利运行,每个人都必须成为其工作的最佳人选。管理餐厅涉及许多不同的责任,从招聘和解雇到跟踪销售和基本会计。有很多工具可以帮助你更轻松地管理餐厅,一位优秀的餐厅经理应该合理地委派任务并知道何时需要帮助。

要素三:广告。餐饮需要广告,广告是餐饮管理的重要组成部分,社交网络为你的餐厅提供了一种低成本的方式。

要素四:财务。密切关注现金流,并且应该每天、每周和每月对其进行监控。如果你不了解餐厅财务这个基本概念,那么你就会面临巨大的财务风险。

要素五:改变。可准备不同类型的餐饮促销活动,促销活动的范围从夜间欢乐时光到专业定制菜单,到二合一晚餐特价,节日特色菜系,特价等,吸引一个或多个适合你的客户。在辛苦工作一周之后,你通常会欢迎一群单身男士,或者你的地方因为适合浪漫的聚会而更受欢迎。

要素六:销售。餐饮可以扩大销售,餐厅在其客户群中有内置的餐饮客户,他们已拥有所有资源,如食品、设备和员工,你可能很容易扩展到餐饮大小事件。跟踪餐厅销售,每日业务审查报告允许餐厅经理建立业务历史。它可以帮助分析销售趋势、工资成本、客户数量和预测未来的销售额。

要素七:菜单。定期更新你的菜单,食品的价格可能会频繁变化,所以运营业务的成本也会改变,餐馆菜单的价格保持食品成本低和利润高是很重要的。

要素八:细节。细节决定成败,节能灯泡和低流量水龙头就是餐厅可以省钱的两种方式。餐厅的服务是无微不至、宾至如归,还是冷若冰霜、爱答不理,都能反映出餐饮企业的管理水平。

任务二 餐饮业成本构成与产品成本因素

建议课时:2课时

▶ 任务描述

明确餐饮成本构成要素,是反映餐饮成本比例,进而按一定的比例要求控制餐饮成本支出的前提。

▶ 任务导入

小王和小张是毕业于同一家烹饪职业院校的学生。上学期间这两位是班上的技术学习尖子,但却有一个很坏的学习习惯和倾向,那就是特别重视烹饪技能操作课的学习,对于经营核算类课程则是十分讨厌。经常不是上课睡觉,就是玩游戏,甚至借故逃课,老师多次批评教育,但效果不是很明显。毕业后这两位学生志向比较大,想着经过几年的专业学习,自己与人合伙开个店应该不成问题,于是经过商量和讨论,两人决定合伙开一家小型餐饮店。于是他们便在学校对面的一个小巷子租了家小门面,开始了自己的经营生涯。刚开始生意还算可以。有自己同学和朋友关照,也有学校老师的鼓励与关怀,还有一些零星散客,但后面问题就来了。一个月下来,经营效果却不是很好,出现了亏损。开始两人都想着这第一二个月肯定是亏损,因为自己的小餐馆刚开张不久,周围的人肯定还不十分了解,需要一定的时间进行宣传。但是半年下来,结果仍然还是亏损,再后来就关门歇业了。后来经过老师和内行人的指点,两位同学才终于明白。原来他们之所以出现经营亏损,其原因就在于缺乏经营和管理意识,是缺乏成本核算和控制意识所致。回想他们自己在经营过程中的各种场景,很快就发现了许多问题。如:不知道如何安排菜品,不知道如何去招待客人,两人只是死等客人上门,却缺乏主动服务意识,不会主动迎客;在后厨管理上也是漏洞百出,原材料浪费严重,存在很多成本遗漏点;就连他们引以为自豪的菜品制作也因为管理不到位屡次出现质量问题。真是教训深刻啊!

▶ 任务目标

1. 餐饮业成本构成及产品构成因素。
2. 餐饮业成本核算的原则。
3. 餐饮业成本核算的程序。

一、餐饮业成本构成及产品成本构成因素

(一) 餐饮业成本构成

餐饮业的成本结构,可分为直接成本和间接成本两大类。所谓直接成本,是指餐饮成品中具体的材料费,包括食物成本和饮料成本,也是餐饮业务中主要的支出。所谓间接成本,是指操作过程中所引发的其他费用,如人事费用和一些固定的开销(又称为经常费)。人事费用包括员工的薪资、奖金、食宿、培训和福利等;经常费则包括租金、水电费、设备装潢的折旧、利息、税金、保险和其他杂费等。

(二) 餐饮产品成本构成因素

❶ 主料

主料是制成各个具体产品的主要原料。一般来讲,它占有一个产品的主要分量,如"糖醋里脊"里面的里脊。

❷ 配料(辅料)

配料是制成各个具体产品的辅助材料,如"土豆牛肉"里面的土豆。菜肴的主料、配料是相对而言的。在一份菜肴中作为主料的原料,在其他菜肴中可能被当作配料。

❸ 调料

调料是制作产品的调味用料,如油、盐、酱油、味精、胡椒等。调料在单位产品里耗用量很少,但它仍然是产品成本核算中一个重要因素,不可因其量小、金额小而忽略它。

❹ 燃料

在制作菜肴、面点的过程中,绝大部分品种都需要经过加热,而烹制加热就需要燃料。餐饮业在烹制菜肴、面点时所需要的热能,主要来源于木柴、木炭、煤炭、柴油、液化气、天然气、沼气、电等,这些统称为燃料。

二、餐饮业成本核算的原则

(一) 严格遵守国家及有关部门的法律规范和行业规定的成本开支范围

餐饮企业在开展业务经营时,要严格遵守国家及有关部门的法律规范,认真按照行业规定确认相关开支,正确计算餐饮企业的成本和费用,为餐饮成本的控制奠定基础。

(二) 严格遵守餐饮企业会计核算的各种原则

这里所指的会计核算原则,主要指的是合法性原则、可靠性原则、相关性原则、分期核算原则、权责发生制原则、实际成本计价原则、一致性原则、重要性原则等内容。当然在核算时也要严格按照会计信息质量要求办事。

(三) 建立健全原始记录制度

原始记录、原始凭证是反映餐饮企业生产经营活动的第一手资料,是企业所开展活动中具体业

务所作的最初记载,是企业编制成本计划、进行成本核算、分析消耗定额和成本计划完成情况的依据。只有及时、准确、完整地进行原始记录,才能明确工作责任,以便及时准确地计算餐饮产品的销售价格。

(四)建立健全定额管理制度

定额是用料、用工和用钱的标准。餐饮企业在生产经营过程中针对原料和燃料的耗用,制定科学合理的定额,有助于减少生产经营过程中不必要的耗费,对于培养和塑造员工成本控制意识,降低成本费用,实现节能减耗、清洁环保目标,防止损失浪费的意义是非常深远的。

(五)实行会计核算与群众核算相结合的原则

众所周知,成本核算是一项系统工程,需要全体员工的共同参与。在开展餐饮成本核算过程中,需要专业的会计部门与其他各部门、各环节、各班组、各岗位紧密结合,共同围绕成本的核算与控制进行工作,及时发现可能造成本不必要增加的环节,使得餐饮成本控制在较为合理的水平。

三、餐饮成本核算的程序

(一)收集成本资料

收集成本资料是成本核算的前提和基础。成本资料包括食品原材料采购单、入库验收单、入库单、出库单、领料单、转账单、耗损率单、加工单等各种资料。根据成本核算的内容和目的不同,这些资料还要从不同的角度分类,使成本资料为不同的成本核算目的服务。例如,采购成本核算和厨房成本核算、库房盘点核算和菜单成本核算所需要的资料就不完全相同。在收集成本资料时,要以原始记录和实测数据为准,不能用估计毛值,要保证成本核算的准确性。

(二)核算餐饮成本

餐饮产品的成本核算分为采购成本核算、库房成本核算、厨房加工核算、餐厅成本核算和会计成本核算等多种。上述各种核算互相联系、互相依存,往往前一步的成本数据是后一步成本核算的依据。因此,成本核算往往要分类进行,人员分工和数据处理必须与此相衔接,就厨房成本核算而言,又有原料加工成本核算、成品生产成本核算、餐厅每日成本核算等多种。分类不同,方法不完全相同,而核算出来的数据又必须是互相联系、相互衔接的。因此,成本分类核算是餐饮产品成本核算的主要环节,必须认真做好。

(三)做好成本分析

成本核算的目的:一是准确掌握成本消耗,形成成本报表,考核经营效果;二是为餐饮产品的生产经营活动提供决策参考,引导管理人员降低成本消耗。因此,在成本核算的基础上,应定期对成本核算的结果及其核算资料进行成本分析,提出分析报告。一般说来每周或每月都应进行一次成本分析,以指导餐饮生产经营活动的顺利展开。

(四)提出改进建议

在成本核算和成本分析的基础上,对采购、库房、厨房、餐厅等各部门、各环节成本管理中存在的问题,应分析具体原因,找出漏洞和偏差,提出改进建议,以便为中高层管理人员加强成本控制、降低成本消耗提供客观依据。餐饮企业采用计算机信息管理系统进行成本核算要比传统方式简捷方便得多。

相关知识

成本管理是指企业生产经营过程中各项成本核算、成本分析、成本决策和成本控制等一系列科学管理行为的总称。成本管理一般包括成本预测、成本决策、成本计划、成本核算、成本控制、成本分析、成本考核等内容。

全面成本管理(TCM)是运用成本管理的基本原理与方法体系,依据现代企业成本运动规律,以优化成本投入、改善成本结构、规避成本风险为主要目的,对企业经营管理活动实行全过程、广义性、动态性、多维性成本控制的基本理论、思想体系、管理制度、机制和行为方式。"全面"包括三个方面,即全员、全面、全过程,又称为全面成本管理的"三全性"。

项目小结

本项目是本书的概述部分,要求学生对餐饮成本核算有一定的认识,只有了解餐饮环节中成本核算的意义及重要性,才能在后期做好成本控制。如:因菜肴配料不准而导致成本率较高,应做好厨房配料计量的监督和复核;因原材料进价变动引起成本率偏高,应查明原材料进价变动是否正常,如正常应及时调整菜价;原材料存货盘点不准和半成品计价有误,应及时纠正,制定正确的半成品计价标准;人为原因造成原材料的损耗和浪费,引起成本率偏高,应对责任人给予适当处罚,同时对厨房的存货情况进行分析,对存量较大、存储时间较长的原材料要建议厨房少进或不进,对保鲜期较短的原材料要建议厨房勤进快销。对餐饮日常成本的控制和核算,可以合理控制进货,防止原材料的积压和浪费,提高原材料的利用率和新鲜度。防止厨师配人情菜,真正做到货真价实。同时可以及时发现问题,堵塞漏洞,减少浪费,杜绝不正之风,增加效益。

同步测试

扫码看答案

1. 简述餐饮业的地位和作用。
2. 餐饮业的经营特点有哪些?
3. 什么叫餐饮成本?什么叫餐饮成本核算?它有哪些特征?
4. 餐饮成本核算有哪些意义和作用?
5. 餐饮成本的主要因素有哪些?
6. 餐饮成本核算的原则是什么?
7. 餐饮成本核算的程序是什么?
8. 学习本项目后,谈谈你对餐饮成本核算的认识。

项目二

烹饪主料、配料的核算

扫码看课件

项目描述

餐饮产品的成本核算在餐饮企业的管理中是十分重要的。通过成本核算得出的结果,加以分析对比,可了解对原料的采购、储存、切配加工及烹调、销售等情况,从而挖掘潜力,降低成本,提高管理水平。餐饮产品的成本,一般由主料成本、配料成本、调料成本及燃料成本四部分组成。因此,分别计算出这四种成本,加以综合,即为餐饮菜肴的成本。

项目目标

1. 了解烹饪主料、配料的名称和核算意义。
2. 掌握毛料和净料的关系及转化流程。
3. 熟练运用主配料的净料成本核算的方法。

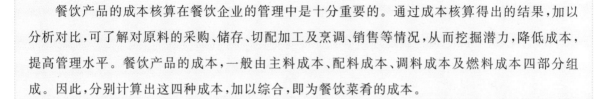

任务一 烹饪净料概述

建议课时:1 课时

任务描述

烹饪主料成本、配料成本是构成餐饮产品成本的主要组成部分,要准确核算产品成本必须首先从核算主料成本、配料成本做起。算准确主料成本、配料成本,对进一步计算餐饮产品成本具有重要的实际意义。要对烹饪主料、配料进行成本核算,必须首先学习毛料和净料的概念。

任务导入

蔬菜的分类

蔬菜的分类是根据人们食用蔬菜的不同部位归纳分类。

(1)叶菜类蔬菜:指以叶片和叶柄为主要食用部分的蔬菜。

(2)茎菜类蔬菜:指以植物的嫩茎或变态茎为食用部分的蔬菜,包括地上茎和地下茎。

(3) 根菜类蔬菜：指植物粗大具有食用价值根部的一类蔬菜。

(4) 果菜类蔬菜：指以植物的果实或幼嫩的种子为食用部分的蔬菜，包括瓠果类、茄果类、荚果类蔬菜。瓠果类食用部位为瓠果，茄果类是以浆果供食用，荚果类是以幼嫩的荚为食用部分。

(5) 花菜类蔬菜：指以植物的花部为食用部分的蔬菜。

(6) 芽苗类蔬菜：指以植物的嫩芽为食用部分的蔬菜。

任务目标

1. 了解烹饪原料的概念。
2. 烹饪毛料、净料及其分类。

一、烹饪原料的概念

烹饪原料是指用以烹饪加工制作各种菜点的原材料。要求无毒、无害、有营养价值、可以制作菜点材料。

烹饪原料是烹饪的物质基础。随着我国经济的发展，烹饪原料更加丰富多彩，国际的烹饪原料与我国传统的烹饪原料都大显神通，各显其能。烹饪原料从品种、规格、品质、数量等方面都有了很大的发展和提高。传统与创新烹饪原料，与烹饪技艺相结合，转化成新的美味佳肴，满足全世界人们的需求，为中国烹饪的发展注入了强劲的活力。传统的烹饪原料如鸡、鸭、鱼、猪、牛、羊等，我国历代厨师辛勤劳动，苦心经营，因材施艺，合理用料，巧妙搭配，精心烹制，细心调理的结果，在人们心目中留下了根深蒂固的印象，形成了不同的烹饪流派和饮食文化。但从国外引进的许多新型烹饪原料，进入餐饮市场，拓展了食物结构，为现代中餐烹饪注入了新的活力，提供了充足的物质保障，如人工孵化或养殖的三文鱼、鸭嘴鱼、肥牛、鳄鱼、鸵鸟等，加以巧妙、合理、科学、经济、大胆的使用，创造出了不少新的风味菜肴，适应了广大群众在饮食文化上的节奏变化，满足了不同消费人群对美食的追求，也为中餐烹饪的全面发展、推陈出新打开了新局面。

二、烹饪毛料、净料及其分类

(一) 烹饪毛料、净料

餐饮企业初购进的食品原材料，除瓶、听、罐装原料外，大多数都是毛料。毛料一般要经过宰杀、切割、拆卸、拣洗、涨发、初熟、拌制等粗加工处理，才能用来配制菜点。未经加工处理的原材料称为毛料，经过加工处理后可以用来配制菜点的原材料称为净料。由于毛料不同和加工处理的方法不同，毛料在变成净料的过程中会存在减少或者增加的情况，因此，餐饮企业必须对净料进行成本核算。

(二) 净料的分类

净料可以根据其拆卸加工的方法和处理程度的不同，分为生净料、半制品和熟品三类。

(1) 生净料：指只经过拣洗、宰杀、拆卸等加工处理，而没有经过任何制作成熟处理的各种原料的净料。

(2)半制品:指经过初步熟处理,但还没有完全加工成制成品的净料。半制品可根据其不同的制作方法,分为无味半制品和调味半制品两种。无味半制品又称水煮半制品,包括的范围比较广泛,是指经过焯水的蔬菜和经过初步熟处理的肉类等,如白煮肉、白煮鸡等。调味半制品即加放调味品的半制品,如鱼丸、油发肉皮等。

(3)熟品:又称制成品或卤味品,是由熏、卤、拌、煮等方法加工而成的,可以用作冷盘菜肴的制成品。

 相关知识

烹饪原料品质鉴别方法

烹饪原料品质鉴别的方法可分为理化鉴别和感官鉴别两大类。

理化鉴别是利用仪器或化学药剂鉴别原料的化学成分,以确定其品质好坏的检验方法。感官鉴别是指用人的眼、耳、鼻、舌、手等各种感官了解原料的外部特征、气味和质地的变化程度,从而判断其品质优劣的检验方法。感官鉴别是最实用、最简单而又有效的检验方法。嗅觉检验:利用人的嗅觉器官来鉴别原料的气味,进而判断其品质优劣的方法。视觉检验:利用人的视觉器官来鉴别原料的形态、色泽、清洁度、成熟度等品质优劣的方法。这是运用范围最广的一个重要手段。听觉检验:利用人的听觉器官鉴别原料振动的声音来检验其品质优劣的方法。触觉检验:通过手对原料的触摸检验原料组织的粗细、弹性、硬度及干湿度等,以判断原料品质优劣的方法。

任务二 净料率与损耗率

 任务描述

由于烹饪原料品种众多,不同季节成熟度不一样,各部门加工技术、加工要求各不相同,加工的原料、加工的部位质量也存在差异,所以烹饪原料出的净料大多不会相同,因此,餐饮成本核算中必须准确地计算出净料率。

 任务导入

某面馆加盟店的产品制作过程控制

食品原料的精加工、切配及产品制作、装盘过程对餐饮加盟店食品成本的高低也有很大影响,这些环节若不加以控制,往往会造成原料浪费、成本增加。因而,在食品原料的加工、产品制作阶段,厨房的生产流程主要包括原料加工、菜品配份、合理烹调三个程序。

建议课时:3课时

❶ 严格按程序操作提高净料率

（1）对粗加工过程中剔除部分应尽量回收，提高其利用率，做到物尽其用，以降低成本。

（2）面馆加盟店在烹饪过程中必须严格按规程进行操作，力求不出或少出废品，有效地控制烹饪过程中的食品成本。

❷ 产品制作标准化控制

食品从原料到成品，必须经过一系列的加工制作过程，应避免出现浪费现象。对加工制作过程的控制，关键是要制定各种标准，如出料量标准、切配标准、投料标准、产品制作标准，即产品制作标准化。这些标准的确定和执行，不仅能避免各种浪费，控制食品成本，而且对保证食品质量也非常有效。

❸ 遵循生产流程表

保存过去的销售记录→预测未来的销售水平→采购并储存所需食品和饮料→制订每日生产规划表→向生产区发放原料→管理餐饮门店生产过程。

任务目标

1. 了解净料率和损耗率的概念。
2. 理解净料率和损耗率的关系。
3. 掌握净料率的计算方法。

一、净料率与损耗率的概念

（一）烹饪净料率

净料重量与毛料重量之间的比率，称为烹饪净料率，又称出成率。净料率通常以百分比（%）来表示，但餐饮行业中，习惯用"折"或"成"来表示。

从毛料中所取得净料率越高，即从一定数量的毛料中取得的净料越多，其成本就越低；反之，净料率越低，即从一定数量的毛料中取得的净料越少，其成本也就越高。

计算净料成本，首先要知道净料重量。确定净料重量最基本的方法是进行实际测试，即某一品种的原材料（毛料）经过加工处理后，称取净料的重量。餐饮企业无论规模大小，每天购进原材料的种类和数量都很多，对于原材料进行加工处理后所得的净料重量，不可能每一种都过称。餐饮企业在长期实践中总结出净料重量变化的规律，即在净料加工方法相同和处理技术水平一定及原料规格品质相同的情况下，原料的净料重量（净重）和毛料重量（毛重）之间存在一定的比例关系。

计算公式：

$$净料率(\%) = 净料重量/毛料重量 \times 100\%$$

$$净料重量 = 毛料重量 \times 净料率$$

$$毛料重量 = 净料重量/净料率$$

讲解例题：

【例2-1】 某厨房购进土豆36.00千克,经冷加工后得到土豆丝25.20千克,求土豆的净料率为多少?

解: 土豆的毛重＝36.00(千克)

土豆的净重＝25.20(千克)

土豆的净料率＝25.20/36.00×100%

＝70%

答:土豆的净料率为70%。

【例2-2】 某厨房购入香菇5.00千克,涨发后得到水发香菇17.50千克,求香菇的净料率为多少?

解: 香菇的毛重＝5.00(千克)

香菇的净重＝17.50(千克)

香菇的净料率＝17.50/5.00×100%

＝350%

答:香菇的净料率是350%。

【例2-3】 现有带壳花生5.00千克,剥壳后得到花生米3.60千克,求花生的净料率是多少?

解: 花生的毛重＝5.00(千克)

花生的净重＝3.60(千克)

花生的净料率＝3.60/5.00×100%

＝72%

答:花生的净料率是72%。

(二)烹饪损耗率

与净料率相对应的,毛料在加工处理中损耗的重量与毛料重量所形成的比率,称为损耗率。

计算公式:

损耗率＝损耗重量/毛料重量×100%

【例2-4】 现有腌制好的生叉烧肉5.00千克,放入挂炉中烤香,共损耗了1.50千克。求烤熟叉烧肉的损耗率是多少?

解: 腌好的叉烧肉＝5.00(千克)

损耗重量＝1.50(千克)

烤熟叉烧肉的损耗率＝1.50/5.00×100%

＝30%

答:烤熟叉烧肉的损耗率是30%。

二、净料率和损耗率的关系

在一般情况下,除干货原材料外,原材料在加工清洗后,其净料的重量和损耗的重量之和等于毛

料的重量,即:净料的重量＋损耗的重量＝毛料的重量。因此根据净料率、损耗率的定义,两者有以下关系:

$$净料率＋损耗率＝1＝100\%$$

三、餐饮企业主要原材料的净料率参考表

净料率是核算餐饮产品成本的重要参数,但由于烹饪原料品种多,不同季节成熟度不一样,各部门加工技术、加工要求各不相同,加工的原料、加工的部位质量也存在差异,所以,烹饪原料的净料率也不尽相同,因此,表2-1至表2-5中的常用原料净料率数值仅供参考。

表 2-1 蔬菜类常用原料净料率参照表

序号	毛料名称	计量单位/g	净料处理工艺	可食净料		
				品名	数量	净料率/(%)
1	萝卜	500	削皮、去两端、洗净	净萝卜	450	90
2	萝卜(白萝卜)	500	削皮、去两端、洗净	净萝卜	475	95
3	萝卜(红皮萝卜)	500	削皮、去两端、洗净	净萝卜	475	95
4	萝卜(算盘子红皮萝卜)	500	削皮、去两端、洗净	净萝卜	325	65
5	萝卜(红心萝卜)	500	削皮、去两端、洗净	净萝卜	475	95
6	萝卜(青萝卜)	500	削皮、去两端、洗净	净萝卜	475	95
7	萝卜(水萝卜,脆萝卜)	500	削皮、去两端、洗净	净萝卜	450	90
8	萝卜(心里美)	500	削皮、去两端、洗净	净萝卜	425	85
9	马铃薯(土豆,洋芋)	500	削皮、洗净	净土豆	375	75
10	苤蓝(玉蔓菁)	500	削皮、去顶部、洗净	净苤蓝	375	75
11	山药(薯蓣)	500	削皮、洗净	净山药	350	70
12	甜萝卜(甜菜头,糖萝卜)	500	削皮、去两端、洗净	净甜菜	450	90
13	大葱(鲜)	500	去皮、根和叶、洗净	净大葱	300	60
14	大蒜(蒜头)	500	去皮、根、洗净	净蒜仁	400	80
15	大蒜(紫皮)	500	去皮、根、洗净	净蒜仁	425	85
16	青蒜	500	去皮、根和叶、洗净	净青蒜	400	80
17	鲜榨菜	500	去皮、根、洗净	净榨菜	425	85
18	荸荠(马蹄,地栗)	500	去皮、根、洗净	净荸荠	375	75

续表

序号	毛料名称	计量单位/g	净料处理工艺	可食净料		
				品名	数量	净料率/(%)
19	慈姑(乌芋,白地果)	500	去皮、根,洗净	净慈姑	425	85
20	甘薯	500	削皮、洗净	净地瓜	450	90
21	地瓜	500	削皮、洗净	净地瓜	400	80
22	芋头(芋艿,毛芋)	500	削皮、洗净	净芋头	425	85
23	姜	500	削皮、洗净	净姜	475	95
24	姜(干)	500	削皮、洗净	净姜	475	95
25	姜(子姜,嫩姜)	500	削皮、洗净	净姜	425	85
26	芥菜头	500	削皮、洗净	净芥菜	400	80
27	竹笋	500	去皮、根,洗净	净竹笋	300	60
28	竹笋(毛笋,毛竹笋)	500	去皮、根,洗净	净竹笋	325	65
29	竹笋(鞭笋,马鞭笋)	500	去皮、根,洗净	净竹笋	225	45
30	竹笋(春笋)	500	去皮、根,洗净	净竹笋	325	65
31	老姜	500	刮皮、洗净	净姜	400	80
32	胡萝卜	500	削皮、洗净	净胡萝卜	400	80
33	鲜百合	500	去根部、老瓣、洗净	净百合	400	80
34	莲藕	500	削皮、去两端、洗净	净莲藕	350	70
35	青笋(带叶,莴笋,莴苣笋)	500	去叶、削皮、洗净	净青笋	200	40
36	香葱	500	去根须、叶,洗净	净香葱	350	70
37	牛蒡	500	去根、皮,洗净	净牛蒡	375	75
38	根芹	500	去根、皮,洗净	净根芹	375	75
39	辣根	500	去根、皮,洗净	净辣根	400	80
40	茭白(茭笋,茭粑)	500	去根、皮,洗净	净茭白	325	65
41	小葱	500	去根须、叶,洗净	净小葱	350	70
42	圆白菜(大头菜,甘蓝)	500	去黄叶、洗净	净圆白菜	425	85
43	芦笋(石刁柏)	500	切去老茎、削皮、洗净	净芦笋	300	60

续表

序号	毛料名称	计量单位/g	净料处理工艺	可食净料		
				品名	数量	净料率/(%)
44	芦荟	500	剥皮、洗净	净芦荟	375	75
45	圆葱	500	去老皮、洗净	净圆葱	400	80
46	大芹菜	500	摘叶、削皮、去根	净芹菜	325	65
47	香菜(无根)	500	去头、去老叶、洗净	净香菜	400	80
48	大葱(干)	500	去干皮、根,洗净	净大葱	350	70
49	西芹	500	削皮、撕筋、洗净	净西芹	325	65
50	韭黄	500	撕皮、去根、洗净	净韭黄	450	90
51	韭菜	500	去黄叶、洗净	净韭菜	400	80
52	球生菜	500	去老叶、心,洗净	净球生菜	300	60
53	干葱头	500	去皮、洗净	净葱头	350	70
54	小芹菜	500	摘叶、去老根、洗净	净芹菜	325	65
55	蒜苗	500	去须根、黄老叶,洗净	净蒜苗	300	60
56	蒜黄	500	去根、老叶、洗净	净蒜黄	375	75
57	芥蓝	500	削皮、去老叶、洗净	净芥蓝	250	50
58	菜花(花椰菜)	500	去根、茎,洗净	净菜花	325	65
59	菜心(油菜薹,油菜心)	500	去根、黄老叶,洗净	净菜心	450	90
60	蒜(小蒜)	500	去根、叶,洗净	净小蒜	400	80
61	蒜苗(蒜薹)	500	去根、顶尖,洗净	净蒜薹	400	80
62	茼蒿(蓬蒿菜,艾菜)	500	去根、叶,洗净	净茼蒿	400	80
63	蕹菜(空心菜)	500	去根、叶,洗净	净空心菜	375	75
64	西兰花	500	去根、茎,洗净	净西兰花	350	70
65	广菜心	500	去老、黄叶,洗净	净广菜心	300	60
66	大白菜	500	去老叶、根,洗净	净大白菜	400	80
67	小白菜	500	去根、去黄叶、洗净	净小白菜	375	75
68	油菜	500	摘老叶、老筋、洗净	净油菜	350	70

续表

序号	毛料名称	计量单位/g	净料处理工艺	可食净料		
				品名	数量	净料率/(%)
69	菠菜	500	摘老叶、根,洗净	净菠菜	400	80
70	油麦菜	500	去老叶、根,洗净	净油麦菜	400	80
71	叶生菜	500	去老叶、茎,洗净	净叶生菜	400	80
72	法香	500	去茎、洗净	净法香	300	60
73	西洋菜(豆瓣菜,水田芥)	500	摘老叶、根,洗净	净西洋菜	350	70
74	冬寒菜(冬苋菜,冬葵)	500	摘老叶、根,洗净	净冬寒菜	275	55
75	莴苣叶(莴笋叶)	500	摘老叶、根,洗净	净莴苣	425	85
76	苋菜(青、绿苋菜)	500	摘老叶、根,洗净	净苋菜	375	75
77	苋菜(紫、紫苋菜,红苋)	500	摘老叶、根,洗净	净苋菜	350	70
78	香椿(香椿头)	500	摘老叶、根,洗净	净香椿	375	75
79	小油菜(青菜,白菜)	500	摘老叶、根,洗净	净小油菜	400	80
80	枸杞菜(枸杞地骨)	500	摘老叶、根,洗净	净枸杞菜	225	45
81	观达菜(根达菜,恭菜)	500	摘老叶、根,洗净	净观达菜	375	75
82	乌菜(塌菜,塌棵菜)	500	摘老叶、根,洗净	净乌菜	375	75
83	生菜	500	摘老叶、根,洗净	净生菜	375	75
84	椿芽	500	摘老叶、根,洗净	净椿芽	375	75
85	黄花菜(金针菜)	500	摘老叶、根,洗净	净黄花菜	375	75
86	长茄子	500	去蒂、洗净	净茄子	450	90
87	大青椒	500	去蒂、籽,洗净	净大青椒	400	80
88	尖椒	500	去蒂、籽,洗净	净尖椒	350	70
89	小黄瓜	500	去蒂、洗净	净小黄瓜	450	90
90	黄瓜	500	去皮、瓤,洗净	净黄瓜	250	50
91	红椒	500	去蒂、籽,洗净	净红椒	350	70
92	小米椒	500	摘蒂、洗净	净小米椒	350	70
93	美人椒	500	摘蒂、洗净	净美人椒	450	90

续表

序号	毛料名称	计量单位/g	净料处理工艺	可食净料		
				品名	数量	净料率/(%)
94	杭椒	500	摘蒂、洗净	净杭椒	450	90
95	七彩椒	500	去蒂、籽,洗净	净七彩椒	350	70
96	西葫芦	500	去蒂、籽,洗净	净西葫芦	350	70
97	冬瓜	500	刮皮,去瓤、籽,洗净	净冬瓜	350	70
98	老南瓜	500	刮皮、去籽、洗净	净老南瓜	375	75
99	小西胡瓜	500	刮皮,去瓤、籽,洗净	净小西胡瓜	375	75
100	节瓜(毛瓜)	500	刮皮,去瓤、籽,洗净	净节瓜	425	85
101	金瓜	500	刮皮,去瓤、籽,洗净	净金瓜	400	80
102	金丝瓜(裸瓣瓜)	500	刮皮,去瓤、籽,洗净	净金丝瓜	400	80
103	金塔寺瓜	500	刮皮,去瓤、籽,洗净	净金塔寺瓜	400	80
104	苦瓜(凉瓜,赖葡萄)	500	刮皮,去瓤、籽,洗净	净苦瓜	400	80
105	灵蜜瓜	500	刮皮,去瓤、籽,洗净	净灵蜜瓜	350	70
106	麻醉瓜	500	刮皮,去瓤、籽,洗净	净麻醉瓜	325	65
107	面西胡瓜	500	刮皮,去瓤、籽,洗净	净面西胡瓜	425	85
108	木瓜	500	刮皮,去瓤、籽,洗净	净木瓜	425	85
109	佛手瓜(棒瓜,菜肴梨)	500	刮皮,去瓤、籽,洗净	净佛手瓜	475	95
110	蛇瓜(蛇豆,大豆角)	500	刮皮,去瓤、籽,洗净	净蛇瓜	425	85
111	丝瓜	500	刮皮,去瓤、籽,洗净	净丝瓜	400	80
112	笋瓜(生瓜)	500	刮皮,去瓤、籽,洗净	净笋瓜	450	90
113	番茄	500	去蒂、撕皮、洗净	净番茄肉	450	90
114	四季豆	500	撕筋、去两端、洗净	净四季豆	450	90
115	秋葵(黄秋葵,羊角豆)	500	去根、洗净	净秋葵	425	85
116	荷兰豆	500	撕筋、去两端、洗净	净荷兰豆	450	90
117	扁豆(鲜)	500	撕筋、去两端、洗净	净扁豆	450	90
118	蚕豆(鲜)	500	去皮、洗净	净蚕豆	150	30

续表

序号	毛料名称	计量单位/g	净料处理工艺	可食净料		
				品名	数量	净料率/(%)
119	刀豆	500	撕筋、去两端、洗净	净刀豆	450	90
120	豆角	500	撕筋、去两端、洗净	净豆角	450	90
121	发芽豆	500	撕筋、去两端、洗净	净发芽豆	425	85
122	黄豆芽	500	撕筋、去两端、洗净	净黄豆芽	500	100
123	豇豆(鲜,长)	500	撕筋、去两端、洗净	净豇豆	475	95
124	绿豆芽	500	撕筋、去两端、洗净	净绿豆芽	500	100
125	垅船豆	500	撕筋、去两端、洗净	净垅船豆	400	80
126	龙豆	500	撕筋、去两端、洗净	净龙豆	475	95
127	龙牙豆(玉豆)	500	撕筋、去两端、洗净	净龙牙豆	450	90
128	毛豆(青豆)	500	去皮、洗净	净毛豆	275	55
129	豌豆(鲜)	500	去皮、洗净	净豌豆	225	45
130	豌豆苗	500	撕筋、去两端、洗净	净豌豆苗	475	95
131	油豆角(多花菜豆)	500	撕筋、去两端、洗净	净油豆角	475	95
132	芸豆(鲜)	500	去皮、洗净	净芸豆	275	55

表 2-2 鲜食用菌、藻类常用原料净料率参照表

序号	毛料名称	计量单位/g	净料处理工艺	可食净料		
				品名	数量	净料率/(%)
1	草菇(大黑头细花草)	500	去根、杂质,洗净焯水	净草菇	450	90
2	大红菇(草质红菇)	500	去根、杂质,洗净焯水	净大红菇	450	90
3	猴头菇	500	去根、杂质,洗净焯水	净猴头菇	450	90
4	黄蘑	500	去根、杂质,洗净焯水	净黄蘑	425	85
5	金针菇(智力菇)	500	去根、杂质,洗净焯水	净金针菇	450	90
6	口蘑(白蘑)	500	去根、杂质,洗净焯水	净口蘑	450	90
7	平菇(鲜,糙皮)	500	去根、杂质,洗净焯水	净平菇	425	85

续表

序号	毛料名称	计量单位/g	净料处理工艺	可食净料		
				品名	数量	净料率/(%)
8	蘑菇(鲜,鲜蘑)	500	去根、杂质,洗净焯水	净蘑菇	425	85
9	普香杏丁蘑	500	去根、杂质,洗净焯水	净普香杏丁蘑	450	90
10	普中红蘑	500	去根、杂质,洗净焯水	净普中红蘑	450	90
11	琼脂(紫菜胶)	500	去根、杂质,洗净焯水	净琼脂	450	90
12	双孢蘑菇(洋蘑菇)	500	去根、杂质,洗净焯水	净双孢蘑菇	450	90
13	松蘑(松口蘑,松茸)	500	去根、杂质,洗净焯水	净松蘑	400	80
14	鸡腿菇	500	去根、杂质,洗净焯水	净鸡腿菇	425	85
15	榛蘑(假蜜环菌)	500	去根、杂质,洗净焯水	净榛蘑	375	75
16	香菇(鲜,香蕈,冬菇)	500	去根、杂质,洗净焯水	净香菇	450	90
17	香杏片口蘑	500	去根、杂质,洗净焯水	净香杏片口蘑	450	90
18	珍珠白蘑	500	去根、杂质,洗净焯水	净珍珠白蘑	450	90
19	榆黄蘑	500	去根、杂质,洗净焯水	净榆黄蘑	400	80
20	竹荪	500	去根、杂质,洗净焯水	净竹荪	375	75
21	羊肚菌	500	去根、杂质,洗净焯水	净羊肚菌	375	75
22	杏鲍菇	500	去根、杂质,洗净焯水	净杏鲍菇	425	85
23	蟹味菇	500	去根、杂质,洗净焯水	净蟹味菇	425	85
24	牛肝菌	500	去根、杂质,洗净焯水	净牛肝菌	350	70
25	鸡枞菌	500	去根、杂质,洗净焯水	净鸡枞菌	350	70
26	虎掌菌	500	去根、杂质,洗净焯水	净虎掌菌	425	85
27	茶树菇	500	去根、杂质,洗净焯水	净茶树菇	425	85
28	鲍鱼菇	500	去根、杂质,洗净焯水	净鲍鱼菇	425	85
29	白灵菇	500	去根、杂质,洗净焯水	净白灵菇	450	90
30	丁香菇	500	去根、杂质,洗净焯水	净丁香菇	375	75
31	鸡油菌	500	去根、杂质,洗净焯水	净鸡油菌	375	75
32	灰树花	500	去根、杂质,洗净焯水	净灰树花	375	75
33	滑子蘑	500	去根、杂质,洗净焯水	净滑子蘑	450	90

续表

序号	毛料名称	计量单位/g	净料处理工艺	可食净料		
				品名	数量	净料率/(%)
34	黄虎掌	500	去根、杂质,洗净焯水	净黄虎掌	425	85
35	紫菜	500	去根、杂质,水泡、洗净	净紫菜	500	100
36	地衣	500	去根、杂质,水泡、洗净	净地衣	500	100
37	发菜	500	去根、杂质,水泡、洗净	净发菜	500	100
38	海带(鲜,江白菜,昆布)	500	去根、杂质,水泡、洗净	净海带	500	100
39	海冻菜(石花菜,冻菜)	500	去根、杂质,水泡、洗净	净海冻菜	500	100
40	木耳(黑木耳,云耳)	500	去根、杂质,洗净焯水	净木耳	400	80
41	银耳	500	去根、杂质,洗净焯水	净银耳	400	80
42	裙带菜	500	去根、杂质,水泡、洗净	净裙带菜	450	90
43	海木耳	500	去根、杂质,水泡、洗净	净海木耳	475	95

表2-3 家禽、家畜类常用原料净料率参照表

序号	毛料名称	计量单位/g	净料处理工艺	可食净料		
				品名	数量	净料率/(%)
1	猪里脊	500	拉皮、剔筋	净里脊	400	80
2	猪腿瘦肉	500	剔筋、切配	净瘦肉片	350	70
3	猪肉(后臀尖)	500	剔筋、切配	丁、丝、条、片	475	95
4	猪小排(排骨)	500	剔筋、切配	净小排	425	85
5	猪儿肠	500	洗净、腌码	腌儿肠	350	70
6	猪腰	500	洗净、片去腰臊	净猪腰	425	85
7	猪心	500	去朦皮、洗净	净猪心	450	90
8	猪肝	500	去筋、切片	净猪肝	425	85
9	猪肚	500	去油筋、煮熟	熟大猪肚	275	55
10	猪肠头	500	去油筋、煮熟	熟肠头	165	33
11	肥肠	500	去油筋、煮熟	熟肥肠	140	28

续表

序号	毛料名称	计量单位/g	净料处理工艺	可食净料		
				品名	数量	净料率/(%)
12	猪心肝	500	去油筋、煮熟	熟心肝	300	60
13	猪腰	500	去油筋、煮熟	熟猪腰	375	75
14	五花肉	500	洗净、刮毛、煮熟	熟白肉	375	75
15	带皮肉	500	洗净、刮毛、煮熟	熟带皮肉	325	65
16	排骨	500	洗净、煮熟	熟排骨	350	70
17	代骨代皮肘子	500	洗净、刮毛、煮熟	熟肘子	325	65
18	去骨代皮肘子	500	洗净、刮毛、煮熟	熟肘子	275	55
19	猪舌	500	去舌骨、煮熟	熟猪舌	300	60
20	猪耳	500	去耳根、洗净、煮熟	熟猪耳	350	70
21	梅肉	500	剔肉筋、切配	腌肉丝	475	95
22	牛尾	500	斩牛尾脊骨、尾尖	净牛尾	350	70
23	牛里脊	500	拉皮、剔筋、切配	腌牛里脊	500	100
24	牛心肝	500	洗净、切配	净牛心肝	450	90
25	牛腰子	500	洗净、切配	净牛腰	400	80
26	牛百叶	500	洗净、去膜、切配	净牛百叶	300	60
27	牛腱子	500	剔筋、洗净、煮熟	熟牛腱子	300	60
28	牛肋条肉	500	洗净、煮熟	熟牛肋条肉	350	70
29	牛心肝	500	洗净、煮熟	熟牛心肝	350	70
30	牛肚	500	洗净、煮熟	熟牛肚	300	60
31	牛舌	500	洗净、煮熟	熟牛舌	350	70
32	牛肠	500	洗净、煮熟	熟牛肠	150	30
33	底板肉	500	洗净、煮熟	熟底板肉	400	80
34	全羊肉(肥、瘦)	500	出骨	净羊肉	350	70
35	羊肉(瘦)	500	洗净、去膜、切配	净羊肉	450	90
36	羊肉(后腿)	500	洗净、去骨	净羊肉	250	50
37	羊肉(里脊)	500	洗净、去膜、切配	净羊肉	475	95

续表

序号	毛料名称	计量单位/g	净料处理工艺	可食净料		净料率/(%)
				品名	数量	
38	羊肉(颈,羊脖)	500	洗净、去膜、切配	净羊肉	400	80
39	羊肉(前腿)	500	洗净、去骨	净羊肉	175	35
40	羊肉(胸脯,腰窝)	500	洗净、去膜、切配	净羊肉	400	80
41	带皮羊肉	500	洗净、煮熟	熟羊肉	350	70
42	白条鸡	500	去脚、血水,煮熟	熟鸡	325	65
43	白条鸡(母,一年内鸡)	500	洗净、去皮	净鸡	250	50
44	白条鸡(肉鸡,肥)	500	洗净、去皮	净鸡	375	75
45	白条鸡(土鸡,家养)	500	洗净、去皮	净鸡	275	55
46	鸡(沙鸡)	500	洗净、去皮	净鸡	200	40
47	鸡(乌骨鸡)	500	洗净、去皮	净鸡	225	45
48	去骨鸡腿肉	500	斩丁、腌制	腌鸡丁	600	120
49	鲜鸡杂	500	去胆、筋,血水	净鸡杂	350	70
50	白条鸭(北京填鸭)	500	洗净、煮熟	熟鸭	375	75
51	白条鸭(公麻鸭)	500	洗净、煮熟	熟鸭	325	65
52	白条鸭(母麻鸭)	500	洗净、煮熟	熟鸭	375	75
53	鸭肠	500	洗净	净鸭肠	250	50
54	鸭翅	500	洗净	净鸭翅	325	65
55	冻鸭	500	洗净、剔骨	净鸭肉	250	50
56	去骨鸭掌	500	进一步去骨、煮熟	熟鸭掌	350	70
57	冻掌中宝	500	解冻、腌制	腌掌中宝	400	80
58	白条鹅	500	洗净	净鹅	325	65
59	冻鹅肠	500	洗净、食碱发	发鹅肠	400	80
60	鸽	500	洗净、煮熟	熟鸽	200	40
61	鲜乳鸽	500	洗净、剔骨	鸽肉	200	40
62	鹌鹑	500	洗净、煮熟	熟鹌鹑	275	55
63	带皮兔	500	洗净、煮熟	熟兔肉	300	60

表 2-4 水产类常用原料净料率参照表

序号	毛料名称	计量单位/g	净料处理工艺	可食净料		
				品名	数量	净料率/(%)
1	鲍鱼（杂色鲍）	500	按照标准要求初加工	净料	300	60
2	海参（鲜）	500	按照标准要求初加工	净料	400	80
3	淡菜（鲜、海红、贻贝）	500	按照标准要求初加工	净料	250	50
4	蛏子	500	按照标准要求初加工	净料	275	55
5	牡蛎	500	按照标准要求初加工	净料	325	65
6	海蛎肉	500	按照标准要求初加工	净料	500	100
7	海蜇皮	500	按照标准要求初加工	净料	325	65
8	海蜇头	500	按照标准要求初加工	净料	325	65
9	蛤蜊	500	按照标准要求初加工	净料	225	45
10	蛤蜊（毛蛤蜊）	500	按照标准要求初加工	净料	125	25
11	蛤蜊（秋）	500	按照标准要求初加工	净料	125	25
12	蛤蜊（沙蛤）	500	按照标准要求初加工	净料	175	35
13	蛤蜊（杂色蛤）	500	按照标准要求初加工	净料	200	40
14	蚶子（银蚶）	500	按照标准要求初加工	净料	125	25
15	河蚌	500	按照标准要求初加工	净料	125	25
16	河蚬（蚬子）	500	按照标准要求初加工	净料	175	35
17	螺（东风螺，黄螺）	500	按照标准要求初加工	净料	225	45
18	螺（红螺）	500	按照标准要求初加工	净料	275	55
19	螺蛳	500	按照标准要求初加工	净料	175	35
20	螺（石螺）	500	按照标准要求初加工	净料	150	30
21	螺（田螺）	500	按照标准要求初加工	净料	125	25
22	螺（香海螺）	500	按照标准要求初加工	净料	275	55
23	墨鱼	500	按照标准要求初加工	净料	325	65
24	泥蚶（珠蚶，血蚶）	500	按照标准要求初加工	净料	150	30
25	生蚝	500	按照标准要求初加工	净料	500	100
26	乌鱼蛋	500	按照标准要求初加工	净料	350	70

续表

序号	毛料名称	计量单位/g	净料处理工艺	可食净料		
				品名	数量	净料率/(%)
27	乌贼(鲜,枪乌贼,台湾枪乌贼)	500	按照标准要求初加工	净料	425	85
28	鲜贝	500	按照标准要求初加工	净料	500	100
29	鲜赤贝	500	按照标准要求初加工	净料	175	35
30	鲜扇贝	500	按照标准要求初加工	净料	175	35
31	章鱼(真蛸)	500	按照标准要求初加工	净料	425	85
32	螯虾	500	按照标准要求初加工	净料	150	30
33	白米虾(水虾米)	500	按照标准要求初加工	净料	300	60
34	斑节对虾(草虾)	500	按照标准要求初加工	净料	300	60
35	长毛对虾(大虾,白露虾)	500	按照标准要求初加工	净料	325	65
36	刺虾(红大虾)	500	按照标准要求初加工	净料	75	15
37	东方对虾(中国对虾)	500	按照标准要求初加工	净料	325	65
38	对虾	500	按照标准要求初加工	净料	325	65
39	海虾	500	按照标准要求初加工	净料	275	55
40	蚌肉	500	按照标准要求初加工	净料	325	65
41	河虾	500	按照标准要求初加工	净料	425	85
42	江虾(沼虾)	500	按照标准要求初加工	净料	475	95
43	基围虾	500	按照标准要求初加工	净料	325	65
44	龙虾	500	按照标准要求初加工	净料	225	45
45	明虾	500	按照标准要求初加工	净料	275	55
46	塘水虾(草虾)	500	按照标准要求初加工	净料	275	55
47	虾虎(琵琶虾)	500	按照标准要求初加工	净料	175	35
48	虾米(海米)	500	按照标准要求初加工	净料	500	100
49	蟹(海蟹)	500	按照标准要求初加工	净料	250	50
50	蟹(河蟹)	500	按照标准要求初加工	净料	200	40
51	蟹(锯缘青蟹,青蟹)	500	按照标准要求初加工	净料	200	40
52	蟹(梭子蟹)	500	按照标准要求初加工	净料	250	50

续表

序号	毛料名称	计量单位/g	净料处理工艺	可食净料		
				品名	数量	净料率/(%)
53	蟹肉	500	按照标准要求初加工	净料	500	100
54	白姑鱼(白米子鱼)	500	按照标准要求初加工	净料	325	65
55	鲅鱼(马鲛鱼,燕鲅鱼,巴鱼)	500	按照标准要求初加工	净料	375	75
56	鲅鱼(咸,咸马鲛)	500	按照标准要求初加工	净料	325	65
57	八爪鱼(八角鱼)	500	按照标准要求初加工	净料	375	75
58	鳊鱼(鲂鱼,武昌鱼)	500	按照标准要求初加工	净料	300	60
59	餐条鱼	500	按照标准要求初加工	净料	375	75
60	草鱼(白鲩,草包鱼)	500	按照标准要求初加工	净料	275	55
61	鲳鱼(平鱼,银鲳,刺鲳)	500	按照标准要求初加工	净料	350	70
62	赤眼鳟(金目鱼)	500	按照标准要求初加工	净料	300	60
63	大黄鱼(大黄花鱼)	500	按照标准要求初加工	净料	325	65
64	带鱼(白带鱼,刀鱼)	500	按照标准要求初加工	净料	375	75
65	大麻哈鱼(大马哈鱼)	500	按照标准要求初加工	净料	350	70
66	鲷鱼(黑鲷,铜盆鱼,大目鱼)	500	按照标准要求初加工	净料	325	65
67	鲽鱼(比目鱼,凸眼鱼)	500	按照标准要求初加工	净料	350	70
68	鲻鱼(白眼棱鱼)	500	按照标准要求初加工	净料	275	55
69	堤鱼(海河乌江)	500	按照标准要求初加工	净料	325	65
70	颚针鱼(针量鱼)	500	按照标准要求初加工	净料	375	75
71	狗母鱼(大头狗母鱼)	500	按照标准要求初加工	净料	325	65
72	鳜鱼(桂鱼)	500	按照标准要求初加工	净料	300	60
73	海鲫鱼(九九鱼)	500	按照标准要求初加工	净料	300	60
74	海鳗(海鳗鱼,鲫勾)	500	按照标准要求初加工	净料	325	65
75	红娘鱼(冀红娘鱼)	500	按照标准要求初加工	净料	275	55
76	黄姑鱼(黄婆鸡鱼)	500	按照标准要求初加工	净料	325	65
77	黄颡鱼(戈牙鱼,黄鳍鱼)	500	按照标准要求初加工	净料	275	55
78	黄鳝(鳝鱼)	500	按照标准要求初加工	净料	325	65

续表

序号	毛料名称	计量单位/g	净料处理工艺	可食净料		
				品名	数量	净料率/(%)
79	胡子鲇(塘虱鱼)	500	按照标准要求初加工	净料	250	50
80	尖嘴白	500	按照标准要求初加工	净料	400	80
81	金线鱼(红三鱼)	500	按照标准要求初加工	净料	200	40
82	鲚鱼(大凤尾鱼)	500	按照标准要求初加工	净料	400	80
83	鲚鱼(小凤尾鱼)	500	按照标准要求初加工	净料	450	90
84	鲫鱼(喜头鱼,海鲋鱼)	500	按照标准要求初加工	净料	275	55
85	口头鱼	500	按照标准要求初加工	净料	275	55
86	鳓鱼(快鱼,力鱼)	500	按照标准要求初加工	净料	350	70
87	鲢鱼(白鲢,连子鱼)	500	按照标准要求初加工	净料	300	60
88	鲮鱼(雪鲮)	500	按照标准要求初加工	净料	300	60
89	鳟鱼(虹鳟鱼)	500	按照标准要求初加工	净料	300	60
90	鲤鱼(鲤拐子)	500	按照标准要求初加工	净料	275	55
91	罗非鱼(越南鱼,非洲黑鲫鱼)	500	按照标准要求初加工	净料	275	55
92	罗非鱼	500	按照标准要求初加工	净料	275	55
93	鲈鱼(鲈花)	500	按照标准要求初加工	净料	275	55
94	鳗鲡(鳗鱼,河鳗)	500	按照标准要求初加工	净料	400	80
95	梅童鱼(大头仔鱼,丁珠鱼)	500	按照标准要求初加工	净料	300	60
96	鲇鱼(胡子鲇,鲢胡,旺虾)	500	按照标准要求初加工	净料	325	65
97	泥鳅	500	按照标准要求初加工	净料	300	60
98	鲆(片口鱼,比目鱼)	500	按照标准要求初加工	净料	325	65
99	青鱼(青皮鱼,青鳞鱼,青混)	500	按照标准要求初加工	净料	325	65
100	舌鳎(花纹舌头,舌头鱼)	500	按照标准要求初加工	净料	325	65
101	蛇鲻(沙丁鱼,沙鲻)	500	按照标准要求初加工	净料	325	65
102	蛇鲻(沙梭鱼)	500	按照标准要求初加工	净料	350	70
103	鲐鱼(青鲐鱼,鲐巴鱼,青砖鱼)	500	按照标准要求初加工	净料	325	65
104	鲀(绿鳍马面鲀,面包鱼)	500	按照标准要求初加工	净料	250	50

续表

序号	毛料名称	计量单位/g	净料处理工艺	可食净料		
				品名	数量	净料率/(%)
105	乌鳢(黑鱼,石斑鱼,生鱼)	500	按照标准要求初加工	净料	275	55
106	小黄鱼(小黄花鱼)	500	按照标准要求初加工	净料	300	60
107	鳕鱼(鳕狭,明太鱼)	500	按照标准要求初加工	净料	225	45
108	鳐鱼(夫鱼)	500	按照标准要求初加工	净料	300	60
109	银鱼(面条鱼)	500	按照标准要求初加工	净料	500	100
110	鳙鱼(胖头鱼,摆佳鱼,花鲢鱼)	500	按照标准要求初加工	净料	300	60
111	蚌肉	500	按照标准要求初加工	净料	300	60
112	鱼子酱(大麻哈鱼)	500	按照标准要求初加工	净料	500	100
113	龙头鱼	500	按照标准要求初加工	净料	375	75
114	银鳕鱼	500	按照标准要求初加工	净料	375	75
115	虾仁	500	按照标准要求初加工	净料	450	90
116	牛蛙	500	按照标准要求初加工	净料	250	50
117	甲鱼	500	按照标准要求初加工	净料	275	55
118	象拨蚌	500	按照标准要求初加工	净料	325	65

表 2-5 干货原料类常用原料净料率参照表

序号	毛料名称	计量单位/g	净料处理工艺	可食净料		
				品名	数量	净料率/(%)
1	官燕	500	拣洗、泡发	水发官燕	2500～4000	500～800
2	血燕	500	拣洗、泡发	水发血燕	2500～3000	500～600
3	干鲍鱼	10头/500	拣洗、泡发	水发鲍鱼	750～1250	150～250
4	鲜鲍鱼	10头/500	拣洗、泡发	水发鲍鱼	100～150	20～30
5	冻鲍鱼	30头/500	拣洗、泡发	水发鲍鱼	300～400	60～80
6	金钩翅(生翅)	500	拣洗、泡发	水发翅	450～1000	90～200
7	金钩翅(熟翅)	500	拣洗、泡发	水发翅	1000～2000	200～400

续表

序号	毛料名称	计量单位/g	净料处理工艺	可食净料		
				品名	数量	净料率/(%)
8	牙拣翅（生翅）	500	拣洗、泡发	水发翅	450～1000	90～200
9	牙拣翅（熟翅）	500	拣洗、泡发	水发翅	1000～2000	200～400
10	海虎翅（生翅）	500	拣洗、泡发	水发翅	450～1000	90～200
11	海虎翅（熟翅）	500	拣洗、泡发	水发翅	1000～2000	200～400
12	翼翅	500	拣洗、泡发	水发翅	1750～2000	350～400
13	鱼唇	500	拣洗、泡发	水发鱼唇	600～700	120～140
14	裙边	500	拣洗、泡发	水发裙边	2500～3000	500～600
15	雪蛤	500	拣洗、泡发	水发雪蛤	4000～4500	800～900
16	角燕骨	500	拣洗、泡发	水发角燕骨	2000～2250	400～450
17	蟠桃胶	500	拣洗、泡发	水发蟠桃胶	2250～2500	450～500
18	鱼肚（水发）	500	拣洗、泡发	水发鱼肚	1500～2000	300～400
19	海参（水发）	500	拣洗、泡发	水发海参	3500～5000	700～1000
20	海参（高压发）	500	拣洗、泡发	水发海参	250～400	50～80
21	刺参	500	拣洗、泡发	水发海参	3750～4000	750～800
22	赤瓜参	500	拣洗、泡发	水发海参	3250	650
23	方刺参	500	拣洗、泡发	水发海参	3250～3500	650～700
24	石参	500	拣洗、泡发	水发海参	2000	400
25	克参	500	拣洗、泡发	水发海参	2000～3000	400～600
26	刺瓜参	500	拣洗、泡发	水发海参	3500～4000	700～800
27	绿刺参	500	拣洗、泡发	水发海参	3250～3500	650～700
28	香参	500	拣洗、泡发	水发海参	3500	700
29	白石参	500	拣洗、泡发	水发海参	3000	600
30	赤白瓜参	500	拣洗、泡发	水发海参	2250	450
31	国产瑶柱	500	拣洗、泡发	水发瑶柱	1000～1250	200～250
32	干海米	500	拣洗、泡发	水发海米	1000～1250	200～250
33	干鱿鱼	500	拣洗、泡发	水发鱿鱼	2000	400

续表

序号	毛料名称	计量单位/g	净料处理工艺	可食净料		
				品名	数量	净料率/(%)
34	干鹿筋	500	拣洗、泡发	水发鹿筋	1500~2250	300~450
35	干猪蹄筋	500	拣洗、泡发	水发猪蹄筋	1500~2250	300~450
36	干凤筋	500	拣洗、泡发	水发凤筋	1500~2000	300~400
37	干黄笋(大)	500	拣洗、泡发	水发笋片	1250~1750	250~350
38	干贵州筒笋	500	拣洗、水发	净筒笋	1500	300
39	干香菇	500	拣洗、泡发	水发香菇	1250	250
40	干竹荪	500	拣洗、泡发	水发竹荪	3500	700
41	干花菇	500	拣洗、泡发	水发花菇	1500	300
42	干茶树菇	500	拣洗、泡发	水发茶树菇	2250	450
43	干黄牛肝	500	拣洗、泡发	水发黄牛肝	2000	400
44	干元蘑	500	拣洗、泡发	水发元蘑	1250	250
45	干榛蘑	500	拣洗、泡发	水发榛蘑	1000	200
46	干草蘑	500	拣洗、泡发	水发草蘑	750	150
47	干海带	500	拣洗、泡发	水发海带	1250	250
48	干小木耳(黑)	500	拣洗、泡发	水发黑木耳	4500	900
49	干大黑木耳	500	拣洗、泡发	水发黑木耳	3000	600
50	干黄花菜	500	拣洗、泡发	水发黄花菜	1000~1500	200~300
51	干银耳	500	拣洗、泡发	净水发银耳	3000	600
52	干海带丝	500	拣洗、泡发	净海带丝	2500	500
53	干豇豆	500	拣洗、泡发	水发豇豆	2500	500
54	龙口粉丝	500	泡发	净湿粉丝	1750	350
55	红薯粉丝	500	泡发	净红薯粉丝	1500	300
56	干宽粉条	500	泡发	净湿宽粉条	1750	350
57	干宽蕨粉	500	泡发	净湿蕨粉	1500	300
58	干粉条	500	泡发	净湿粉条	1500	300
59	干豆腐	500	泡发	水发干豆腐	600	120

四、影响净料率的因素

应用烹饪净料率计算成本,关键要掌握烹饪净料率的精确度。净料率越高,从一定数量的毛料中取得的净料越多,它的成本就越低,反之,净料率越低,所得的净料就越少,它的成本就越高。因此,烹饪净料率是多少就算多少,虚高、虚低都会出现差错。为确保烹饪净料率计算的精确度,我们有必要了解影响其精确度的三个方面的因素。

第一,同一品种、同一规格质量的原料,由于执行净料处理的加工人员的技术水平不同,烹饪净料率就可能出现不一致。

第二,净料处理者技术水平相同,但原料的规格、质量不同,也会致使烹饪净料率不同。

第三,净料率还受到原料产地、季节、质地新鲜程度等因素的影响。

因此,必须要加强对烹饪净料率的控制。由初加工人员和厨师按不同品种的原料,加工出不同档次的净料交给出品厨师验收,验收后出品厨师提出净料和下脚料的比例,登记入账后发放给各位厨师使用。净料加工质量的控制直接关系到菜肴的色、香、味、形及食用价值,加工厨师控制原料的加工形成、卫生、食品安全程度,凡不符合要求的原料不得进入下一道工序,处理后另作他用。

任务三 主料和辅料的成本核算

建议课时:2课时

 任务描述

原料的好坏对菜肴的质量有决定性影响。一个烹调者,要想把菜做好,首先就要从选择原料开始做起。选择原料要根据原料的品种、境况、培育、部位等针对性地处理,还要恰当地用好辅料和调味品。

 任务导入

配　菜

配菜是根据菜肴品种和各自的质量要求,将经过刀工处理后的两种或两种以上的主料和辅料适当搭配,使其成为一个(或一桌)完整的菜肴原料。配菜的恰当与否,直接关系到菜的色、香、味、形和营养价值,也决定成桌菜肴能否协调。

1. 量的搭配。突出主料,配制多种主辅原料的菜肴时,应使主料在数量上占主体地位。例如,"蒜苗炒肉丝""韭菜炒肉丝"等应时当令的菜肴,主要是吃蒜苗和韭菜的鲜味,因此配制时就应使蒜苗和韭菜占主导地位。

2. 质的搭配。同质相配,菜肴的主料和辅料软软相配(如"鲜蘑豆腐"),脆脆相配(如"油爆双脆"),韧韧相配(如"海带牛肉丝"),嫩嫩相配(如"芙蓉鸡片")等,这样搭配,能使菜肴生熟一致,吃口一致,也就是说,符合烹调要求,各具自己的特色。

3. 味的搭配。浓淡相配,以配料味之清淡衬托主料味之浓厚,如三圆扒鸭(三圆即胡萝卜、青笋、土豆)等;淡淡相配,此类菜以清淡取胜;异香相配,主料、辅料各具不同特殊香味,使鱼、肉的醇香与某些蔬菜的异样清香融和,更觉别有风味;一味独用,有些烹饪原料不宜多用杂料,味太浓重者,只宜独用,不可搭配等。

4. 色的搭配。菜肴主辅料的色彩搭配要求协调、美观、大方,有层次感。色彩搭配的一般原则是配料衬托主料。具体配色的方法如下:顺色菜,组成菜肴的主料与辅料色泽基本一致;异色菜,这种将不同颜色的主辅料搭配在一起的菜肴极为普遍,色泽效果令人赏心悦目。

5. 形的搭配。这里所说的"形",是指经刀工处理后的菜肴主、辅原料之形状,其搭配方法有两种。同形配,主、辅原料的形态、大小等规格保持一致,这样可使菜肴产生一种整齐的美感;异形配,主、辅原料的形状不同、大小不一,这类菜在形态上别具一种参差错落美。

任务目标

1. 了解餐饮产品的成本要素。
2. 掌握一料一档的计算方法。
3. 掌握一料多档的计算方法。
4. 掌握成本系数的计算方法。

餐饮企业用以烹制食品的原料有粮、油及鱼、肉、蛋、禽、蔬、果等。根据其在饮食产品中的不同作用,大致可以分为三大类,即主料、配料(辅料)、调味品(调料)。它们与燃料一起是核算产品成本的基础,通常称为饮食产品成本四要素。

主料是制成各种饮食产品的主要原料,以面粉、大米、鱼、鸡、鸭、肉、蛋等为主,各种海产、干货、蔬菜和豆制品等次之。配料是制成各种饮食产品所用的辅助原料,以各种蔬菜为主。主料和配料是构成饮食产品的主体。主料和配料成本是饮食产品成本的主要组成部分,核算饮食产品的成本,必须首先对主料和配料进行成本核算。

一、主料和配料成本的定义

主料和配料是构成餐饮产品的主体。主料和配料成本是产品成本的主要组成部分,要核算产品成本,必须要核算主料和配料成本。餐饮产品的主料和配料都是经过加工处理后的净料。因此,核算主料和配料成本实际上就是核算主料和配料的净料成本。

烹饪原料经过拣洗等加工处理过程后,由毛料变为净料,其重量发生了或增或减的变化。由于净料重量的变化,净料的单位成本也就相应发生了变化。净料是组成单位产品的直接原料,要想精确地计算出产品成本,必须准确地计算出净料成本,净料成本的高低,直接影响着产品成本的高低。影响净料成本的有两个因素:一是原材料的购进价格、质量优劣程度和加工处理前的损耗程度;二是净料率的高低,同一种原材料净料率越高,其成本就越低,反之成本就越高。

净料成本核算是餐饮成本核算的基本环节。从原料的加工过程来看,由于加工处理方式的不同,净料加工前后的重量也会相应发生变化,一般来说,鲜货原料经过拣洗、宰杀、拆卸等过程后将减少重量,干货原料经过清洗、涨发等过程后则会增加重量。但无论重量如何变化,加工前后的原料的价值保持不变,即加工前原料进价总值等于加工后净料及下脚料的总值。这是净料成本计算的依据,根据这个等式就可以计算出净料单位成本(或净料单价)。

餐饮业中净料单位成本一般以千克为单位进行计算,净料单位成本的计算方法有一料一档和一料多档两种。

二、一料一档的净料成本核算

(一)一料一档的定义

所谓一料一档,是指原料(毛料)经过加工处理后,只能得到一种净料。一料一档的成本计算方法有以下两种情况。

(二)一料一档计算(下脚料不作价)

毛料经过加工处理后,只有一种净料,而没有可以作价利用的下脚料。此种情况下,可用毛料总值除以净料重量,即求得净料单位成本。其计算公式如下:

$$净料单位成本=毛料总值/净料重量$$

$$或\quad 净料单位成本=毛料重量\times 毛料单价/净料重量$$

【例2-5】 现厨房购进芹菜18.00千克,价款54.00元,经过去叶、根后,得净芹菜12.00千克。净芹菜的单位成本是多少?

解: 毛料总值=54.00(元)

净料重量=12.00(千克)

净芹菜单位成本=毛料总值/净料重量

=54.00/12.00

=4.50(元/千克)

答:净芹菜的单位成本为4.50元/千克。

【例2-6】 购进冬笋40.00千克,单价为5.40元/千克,经过剥壳并切除不能食用的老根后,得净冬笋12.00千克。求:①净冬笋的单位成本是多少?②若一份菜肴需要净冬笋150克,该菜肴中冬笋的成本是多少?

解: 毛料总值=40.00×5.40=216.00(元)

净料重量=12.00(千克)

①净冬笋单位成本=毛料重量×毛料单价/净料重量

=40.00×5.40/12

=18.00(元/千克)

②一份菜肴冬笋的成本:

$$0.15 \times 18.00 = 2.70(元)$$

答:净冬笋的单位成本为18.00元/千克,一份菜肴冬笋的成本是2.70元。

(三)一料一档计算(下脚料作价)

毛料经过加工处理后,只得到一种净料,但同时又有可以作价利用的下脚料。此种情况,则必须先从毛料总值中扣除这些下脚料的价值,再除以净料重量,即求得净料单位成本。

其计算公式如下:

净料单位成本＝(毛料总值－下脚料价值)/净料重量

【例2-7】 活鸡一只重1.80千克,每千克进价20.00元,经过宰杀、洗涤,得净光鸡1.20千克,鸡爪作价1.20元,鸡肝和鸡肫作价1.80元。净光鸡的单位成本是多少?

解: 毛料总值＝1.80×20.00＝36.00(元)

鸡爪下脚料价值＝1.20(元)

鸡肝和鸡肫下脚料价值＝1.80(元)

净光鸡重量＝1.20(千克)

净光鸡单位成本＝(毛料总值－下脚料价值)/净料重量

$$=[1.80 \times 20.00 - (1.20 + 1.80)]/1.20$$

$$=27.50(元/千克)$$

答:净光鸡的单位成本是27.50元/千克。

【例2-8】 某饭店购进去膛光鸡5.00千克,其进货单价为22.00元/千克,加工处理后得净鸡肉3.20千克,鸡骨作价6.00元/千克。求:①净鸡肉的单位成本是多少? ②若一份菜肴需用净鸡肉250克,该菜肴中鸡肉的成本是多少?

解: 去膛光鸡总值＝5.00×22.00＝110.00(元)

下脚料鸡骨价值＝(5.00－3.20)×6.00＝10.80(元)

净料重量＝3.20(千克)

①净鸡肉的单位成本＝(毛料总值－下脚料的价值)/净料重量

$$=\{5.00 \times 22.00 - [(5.00 - 3.20) \times 6.00]\}/3.20$$

$$=(110.00 - 10.80)/3.20$$

$$=99.20/3.20$$

$$=31.00(元/千克)$$

②一份菜肴净鸡肉的成本为:0.25×31.00＝7.75(元)

答:净鸡肉的单位成本是31.00元/千克,一份菜肴的鸡肉成本是7.75元。

(四)计算过程中的注意事项

(1)计算中要注意区分净料单位成本和净料成本这两个不同的概念。

(2)计算下脚料价值时,如果下脚料的数量太少,并且单位成本较低,一般可以忽略不计。

(3)净料成本必须精确到0.01元,即计算到小数点后第3位,取值时遵循四舍五入的原则。

三、一料多档的净料成本核算

（一）一料多档的定义

一料多档是指毛料经初步加工处理后得到一种以上的净料。在计算各档净料的成本时首先要知道各档净料的重量，这方面可通过实际测试确定出来。其次要知道各档净料的单位成本，这是各档净料成本计算的关键所在。

（二）一料多档的计算

（1）根据每种净料的质量逐一相加确定单位成本。如果毛料加工后有一种以上的净料，可根据每种净料的质量逐一确定其单位成本，然后乘以各种净料数量得到各净料的成本，但必须使各种净料成本之和等于毛料进价总值。

毛料进价总值＝净料 1 总值＋净料 2 总值＋……＋净料 n 总值

（2）其他净料成本已知，只计算其中一种净料的单位成本。如果所有净料中，只有一种净料的单位成本需要测算，其他净料单位成本都是已知的，可以从毛料的进价总值中扣除已知净料的总成本之后，再除以该种净料的重量，计算出它的净料成本。也可以通过各档净料占毛料总值之和进行计算。其计算公式为：

$$该档净料单位成本＝\frac{毛料进价总值－其他各档净料占毛料总值之和}{该档净料总重量}$$

【例 2-9】 某厨房领用一批光鸡共重 30.00 千克，其进货单价为 16.00 元/千克，经加工处理后得到鸡脯肉 5.00 千克；鸡腿 10.00 千克，单位成本是 20.00 元/千克，鸡杂（心、肝）2.50 千克，单位成本是 14.00 元/千克；鸡架、鸡脖等下脚料 7.50 千克，单位成本是 6.00 元/千克。其余为废料，无价值。试确定加工后所得鸡脯肉的单位成本和各种净料成本。

解： 光鸡总值＝30.00×16.00＝480.00（元）

鸡脯肉的单位成本＝[30.00×16.00－(10.00×20.00＋2.50×14.00＋7.50×6.00)]/5.00

＝[480.00－(200.00＋35.00＋45.00)]/5.00

＝[480.00－280.00]/5.00

＝200.00/5.00

＝40.00（元/千克）

各种材料的单位成本和净料成本：

(1) 鸡脯肉的单位成本：40.00 元/千克；

5 千克鸡脯肉成本：5.00×40.00＝200.00（元）

(2) 鸡腿的单位成本：20.00 元/千克；

10 千克鸡腿成本：10.00×20.00＝200.00（元）

(3) 鸡杂的单位成本：14.00 元/千克；

2.50 千克鸡杂成本：2.50×14.00＝35.00（元）

(4) 下脚料的单位成本:6.00 元/千克;

7.50 千克的下脚料成本:7.50×6.00＝45.00(元)

答:鸡脯肉的单位成本是 40.00 元/千克,5.00 千克鸡脯肉成本是 200.00 元;鸡腿的单位成本是 20.00 元/千克,10.00 千克鸡腿成本是 200.00 元;鸡杂的单位成本是 14.00 元/千克,2.50 千克鸡杂成本是 35.00 元;下脚料的单位成本是 6.00 元/千克,7.50 千克的下脚料成本是 45.00 元。

【例 2-10】 某厨房购入鲜草鱼 60.00 千克,进价为 9.60 元/千克,根据菜肴烹制需要进行宰杀、剖洗分档后,得净鱼 52.50 千克,其中鱼头 17.50 千克,鱼中段 22.50 千克,鱼尾 12.50 千克,鱼鳞、内脏等废料 7.50 千克,没有利用价值。根据各档净料的质量及烹调用途,该厨房确定鱼头总值应占毛料总值的 35％,鱼中段占 45％,鱼尾占 20％,分别计算草鱼头、草鱼中段、草鱼尾的净料成本。

解: 鲜草鱼进价总值＝60.00×9.60＝576.00(元)

所以,根据公式:

草鱼头的净料成本＝(鲜草鱼进价总值－草鱼中段、草鱼尾占毛料总值之和)/草鱼头净料总重量
$$=[576.00－576.00×(45％＋20％)]/17.50$$
$$=576.00×(1－65％)/17.50$$
$$=201.60/17.50$$
$$=11.52(元/千克)$$

草鱼中段的净料成本＝(鲜草鱼进价总值－草鱼头、草鱼尾占毛料总值之和)/草鱼中段净料总重量
$$=[576.00－576.00×(35％＋20％)]/22.50$$
$$=576.00×(1－55％)/22.50$$
$$=259.20/22.50$$
$$=11.52(元/千克)$$

草鱼尾的净料成本＝鲜草鱼进价总值－草鱼头、草鱼中段占毛料总值之和/草鱼尾净料总重量
$$=[576.00－576.00×(35％＋45％)]/12.50$$
$$=576.00×(1－80％)/12.50$$
$$=115.20/12.50$$
$$≈9.22(元/千克)$$

答:分档定价后,草鱼头的净料成本为 11.52 元/千克,草鱼中段的净料成本为 11.52 元/千克,草鱼尾的净料成本为 9.22 元/千克。

由于净料依据其拆卸加工的方法和处理程度不同分为生净料、半制品和熟制品,其在单位成本的计算方法上基本上是大同小异。具体来讲,在计算公式上分子部分基本上是以毛料进价总值或原料进价总值为基础,减去下脚料价值(若无下脚料则无此项),加上调味品成本(主要针对调味半制品或熟制品),再加上燃料成本(主要针对半制品和熟制品);分母部分则分别为净料总重量或半制品重量或熟制品重量,即可计算出生净料或半制品或熟制品的成本。

下面我们就从生净料讲起。

生净料单位成本＝(毛料总值－下脚料总值－可作价用料总值)/生净料重量

若没有下脚料和可作价用料产生,则上述公式可以简化为:

生净料单位成本＝毛料总值/生净料重量

随着加工程度的不同,便会出现半制品。由于加工过程中存在是否加入调味品,所以半制品分为无味半制品和调味半制品。在生料的基础上进行制作,于是我们便以生料总值为基础进行运算。

无味半制品单位成本＝(生料总值－下脚料总值＋燃料总值)/无味半制品重量

若在加工过程中加入了调味品,则在上述公式的基础上加上调味品总值即可。

调味半制品单位成本＝(生料总值－下脚料总值＋调味品总值＋燃料总值)/调味半制品重量

【例2-11】 现有生五花肉4.00千克,单价40.00元/千克,煮熟后的无味半制品3.00千克,燃料花费为2.00元。熟五花肉成本为多少?

解:　　　　　　生料总值＝40.00×4.00＝160.00(元)

　　　　　　　熟五花肉成本＝(160.00＋2.00)/3.00

　　　　　　　　　　　　＝54.00(元/千克)

答:熟五花肉成本为54.00元/千克。

而对于调味半制品成本的计算也比较简单。

【例2-12】 干肉皮2.00千克,经油发后成5.00千克,在油发过程中耗油400克,已知干肉皮进价为6.00元/千克,食用油8.00元/千克,燃料花费为1.00元,计算油发后肉皮的单位成本。

解:　　　　　　干肉皮总值＝2.00×6.00＝12.00(元)

　　　　　　　食用油总值＝0.40×8.00＝3.20(元)

　　　　　　　　　　燃料＝1.00(元)

　　　油发后肉皮的单位成本＝(12.00＋3.20＋1.00)/5.00＝3.24(元/千克)

答:油发后肉皮的单位成本为3.24元/千克。

熟制品的成本计算与调味半制品的计算公式类似,即:

熟制品单位成本＝(生料总值－下脚料总值＋调味品总值＋燃料总值)/熟制品重量

【例2-13】 河虾3.00千克,单价15.00元/千克,去除须脚,经油炸损耗30％,共用调味品总值为2.00元,燃料为1.00元,求油爆虾的单位成本。

解:　　　　　　河虾的总值＝3.00×15.00＝45.00(元)

　　　　　　　调味品总值＝2.00(元)

　　　　　　　燃料总值＝1.00(元)

　　　　　　熟品重量＝3.00×(1－30％)＝2.10(千克)

　　　油爆虾的单位成本＝(45.00＋2.00＋1.00)/2.10≈22.86(元/千克)

答:油爆虾的单位成本约为22.86元/千克。

四、成本系数的计算方法

由于食品原料中大部分是农副产品,其地区性、季节性、时间性很强,因此,食品原料的价格变化很大,每月、每周甚至每天的价格都不一样。每次进货的原料价格不同,其净料成本也会发生变化。为避免进货价格的不同而需要逐项计算净料成本,厨房可利用"成本系数"进行净料成本的调整。

(一)成本系数

成本系数是指某种食品原料经初步加工或切割实验后所得净料的单位成本与毛料单位成本之比。用公式表示为:

成本系数＝净料单位成本/毛料单位成本

成本系数的单位不是金额,而是一个计算系数,适用于某些食品原料的市场价格上涨或下跌时重新计算净料成本,以调整菜肴定价。成本系数只用于质量(净料率)相同的食品,如果质量和加工处理方法不同,则需要在不同的净料测定基础上重新计算成本系数。

(二)每千克成本系数及涨价(跌价)后的净料单价

当原材料的市场价格发生变化时,其净料单价随之发生变化。利用每千克成本系数可以计算出净料每千克的新成本。

每千克成本系数＝涨价(跌价)后的净料单价/毛料新进价

涨价(跌价)后的净料单价＝毛料新进价×每千克成本系数

【例2-14】 现鲜活大虾进价68.00元/千克,经加工成虾仁后,成本为120.00元/千克。求净虾仁成本系数是多少? 如果鲜活大虾的进货价格上涨至80.00元/千克,涨价后的净虾仁成本是多少元?

解:净虾仁的成本系数＝净虾仁单位成本/大虾单位成本

$$=120.00/68.00$$

$$\approx 1.76$$

涨价后的净虾仁成本＝大虾新进价×成本系数

$$=80.00\times1.76=140.80(元/千克)$$

答:净虾仁成本系数是1.76,涨价后的净虾仁成本是140.80元/千克。

【例2-15】 某店鲜活鲈鱼进价为30.00元/千克。经初加工后,净鲈鱼单位成本为38.00元/千克。求净鲈鱼的成本系数是多少? 如果鲜活鲈鱼的进价上涨至36.00元/千克,则涨价后净鲈鱼的成本是多少?

解:净鲈鱼成本系数＝净鲈鱼单位成本/活鲈鱼单位成本

$$=38.00/30.00$$

$$\approx 1.27$$

涨价后净鲈鱼成本＝活鲈鱼新进价×成本系数

$$=36.00\times1.27$$

$$=45.72(元/千克)$$

答:净鲈鱼成本系数是1.27,涨价后的净鲈鱼成本是45.72元/千克。

（三）份额成本系数及新份额成本

成本系数还可用于原料价格变化时计算主料、配料每份投料量的新成本，此时称为份额成本系数。

份额成本系数＝新份额成本／新的购进价

新份额成本＝新的购进价×份额成本系数

例如，某种原料的毛料进价为 5.70 元/千克，其净料成本为 7.60 元/千克，该原料成本系数即为：7.60÷5.70＝1.33。如果该种食品原料毛料进价上涨至 6.00 元/千克，则计算该原料涨价后的净料成本时，只需以毛料新进价乘以成本系数即得：6.00×1.33＝7.98 元/千克。如果该种食品原料的毛料进价下跌至 5.40 元/千克，则其净料成本为：5.40×1.33≈7.18 元/千克。采用成本系数来确定净料成本，最重要的是应取得准确的成本系数，由于进货渠道、原料质地、进货价格及加工技术水平的不同，每种食品原料的成本系数必须经过反复测试才能确定。对于已经测定的成本系数也应经常进行抽查复试。

项目小结

本项目对烹饪原料的毛料、净料、净料率的定义进行了阐释，对一料一档成本核算、一料多档成本核算、成本系数应用等成本核算方法做了介绍，对净料率、损耗率的运用通过例题进行计算，并列出了各类原料净料率参考表。

同步测试

一、思考题

1. 餐饮业中什么是净料？
2. 什么是一料一档？计算公式是什么？
3. 什么是一料多档？计算公式是什么？
4. 净料率和损耗率之间是什么关系？
5. 成本系数应用在餐饮产品成本核算中的作用是什么？

二、计算题

1. 青辣椒 3.20 千克，加工清洗后得到净青辣椒 2.40 千克，求净料率是多少？若青辣椒进价 1.60 元/千克，试求 300 克的净青辣椒的成本是多少？

2. 现有精牛肉片 4.00 千克，90.00 元/千克，腌制用调料 2.00 元，加水拌匀腌制后得到牛肉片 5.00 千克。求腌制后的牛肉片每千克成本是多少？

3. 厨房购进五花肉 10.00 千克做蜜汁叉烧，其进货单价为 26.00 元/千克，煮熟后撇出浮油 0.50 千克，浮油单位成本 6.00 元/千克，耗用调味料成本 6.60 元，出叉烧 7.00 千克，求每百克叉烧的成本是多少？

扫码看答案

项目三

烹饪调料及燃料的成本核算

扫码看课件

项目描述

调味品(调料)和燃料是餐饮产品成本不可缺少的要素,其成本都是餐饮产品成本的组成部分。因此,要精确地计算餐饮产品的成本,就必须精确地计算调味品和燃料的成本。

项目目标

1. 了解烹饪调料与燃料的定义。
2. 掌握烹饪调料与燃料成本核算的意义和特点。
3. 熟练运用烹饪调料与燃料成本核算的方法。

任务一 烹饪调料的核算

建议课时:2课时

任务描述

饮食产品丰富多样、滋味鲜美,除了来自主、配料本身具有的滋味外,还有很大一部分来自各种各样的调味品。所以,从整个餐饮企业产品总量看,所耗用的各种调味品的量及其成本是十分可观的。

任务导入

酱　　油

世界上调味品成千上万,酱油堪称中国对人类文明的一大贡献。东西方调味品风味迥然不同,而酱油则是东方调味品的一面旗帜,故有"西方的沙司、东方的酱油"之说。如今市场上的调味品成千上万,而酱油仍然是中国人厨房里的主角。

酱油在不同的朝代有着不同的名称。东汉时期,有人开始特意从酱中抽取酱汁而食,并开始有了自己的名字,称为"抽油"或"清酱"。在北魏的《齐民要术》中,其被称为"豆酱清""酱清"或"豆酱油",唐朝称为"酱汁"。"酱油"这个名称,第一次出现是在宋朝,然后一直沿用到今天。

到了清代,各种酱油作坊犹如雨后春笋,出现包括香蕈酱油、虾子酱油在内的各种酱油,并且开始有了红酱油、白酱油之分。酱油的提取也开始称"抽"。本色者称"生抽",在日光下复晒使其增色、酱味变浓者称"老抽"。

任务目标

1. 了解调味品的概念与分类。
2. 理解调味品用料的估算方法。
3. 掌握调味品成本计算方法。

一、调味品的概念与分类

(一)调味品的概念

调味品就是指在烹饪过程中用于调和菜点口味的原料,又称调料。它能增加菜肴的色、香、味,促进食欲,是有益于人体健康的辅助食品。调味品的主要功能是增进菜品质量,满足消费者的感官需要,从而刺激食欲,增进人体健康。

调味品的每一个品种,都含有区别于其他原料的特殊成分,这是调味品的共同特点,也是调味品原料具有调味作用的主要原因。

调味品中的特殊成分,能除去烹调主料的腥臊异味,突出菜点的口味,改变菜点的外观形态,增加菜点的色泽,并以此促进食欲,杀菌消毒,促进消化。

中国是个讲究"味"的国家,千百年来,各地因各自的主观和客观因素形成了各自的风味特色,"十里不同风",风味变化之多,领世界之首。这是中华民族的宝贵遗产,也是全世界人民的宝贵遗产。

(二)调味品的分类

中国研制和食用调味品有悠久的历史,调味品品种众多。其中有属于东方传统的调味品,也有引进的调味品和新兴的调味品。对于调味品的分类目前尚无定论,从不同角度可以对调味品进行不同的分类。

❶ 根据调味品的商品性质和经营习惯的不同分类

(1)酿造类调味品:酿造类调味品是以含有较丰富的蛋白质和淀粉等成分的粮食为主要原料,经过处理后进行发酵,即借有关微生物酶的作用产生一系列生物化学变化,将其转变为各种复杂的有机物,此类调味品包括酱油、食醋、酱、豆豉、豆腐乳等。

(2)腌菜类调味品:腌菜类调味品是将蔬菜加盐腌制,通过有关微生物及鲜菜细胞内的酶的作用,将蔬菜体内的蛋白质及部分碳水化合物等转变成氨基酸、糖分及色素,具有特殊风味。其中有的加淡盐水浸泡发酵而成湿态腌菜,有的经脱水、盐渍发酵而成半湿态腌菜。此类调味品主要包括榨菜、芽菜、冬菜、梅干菜、腌雪里蕻、泡姜、泡辣椒等。

（3）鲜菜类调味品：鲜菜类调味品主要是新鲜植物。此类调味品主要包括葱、蒜、姜、辣椒、芫荽、辣根、香椿等。

（4）干货类调味品：干货类调味品大都是根、茎、果干制而成，含有特殊的辛香或辛辣等味道。此类调味品主要包括胡椒、花椒、干辣椒、八角、小茴香、芥末、桂皮、姜片、姜粉、草果等。

（5）水产类调味品：水产类调味品为水产中的部分动植物，干制或加工，含蛋白质量较高，具有特殊鲜味。此类调味品主要包括水珍、鱼露、虾米、虾皮、虾籽、虾酱、虾油、蚝油、蟹制品、淡菜、紫菜等。

（6）其他类调味品：不属于前面各类的调味品，主要包括食盐、味精、糖、黄酒、咖喱粉、五香粉、芝麻油、芝麻酱、花生酱、沙茶酱、香糟、红糟、菌油等。

❷ **根据调味品成品形状分类**

（1）酱品类：沙茶酱、豉椒酱、酸梅酱、XO酱等。

（2）酱油类：生抽王、鲜虾油、豉油皇、草菇老抽等。

（3）汁水类：烧烤汁、卤水汁、喼汁、OK汁等。

（4）味粉类：胡椒粉、沙姜粉、大蒜粉、鸡粉等。

（5）固体类：砂糖、食盐、味精、豆豉等。

❸ **根据调味品呈味感觉分类**

（1）咸味调味品：食盐、酱油、豆豉等。

（2）甜味调味品：蔗糖、蜂蜜、饴糖等。

（3）苦味调味品：陈皮、茶叶汁、苦杏仁等。

（4）辣味调味品：辣椒、胡椒、芥末等。

（5）酸味调味品：食醋、茄汁、山楂酱等。

（6）鲜味调味品：味精、鸡精、虾油、鱼露、蚝油等。

（7）香味调味品：花椒、八角、料酒、葱、蒜等。

除了以上单一味为主的调味品外，还有大量复合味的调味品，如油咖喱、甜面酱、腐乳汁、花椒盐等。

此外，调味品的分类还有其他一些方法。例如：按地方风味分，有广式调料、川式调料、港式调料、西式调料等；按烹制用途分，有冷菜专用调料、烧烤调料、油炸调料、清蒸调料；还有一些特色品种调料，如涮羊肉调料、火锅调料、糟货调料等。

（三）调味品在烹饪中的作用

调味品在菜点制作中所用的量不多，但却起着重要的作用（图3-1）。由于各种主、配料及调味品本身都有其独特的口味，这些口味在混合、受热过程中的变化颇为复杂。

调味品的主要作用如下。

❶ **改善滋味**

许多烹饪原料本身无鲜香味，或者本身有腥、膻、臊等异味，用这样的原料制作菜肴时需要加入

图 3-1 调味品

适当的调味品,从而起到去除异味、增加鲜味和香味、减轻油腻感的效果,使得菜肴滋味变得更加鲜美。

❷ 确定和突出菜点的口味

许多菜肴要求有特殊的滋味,这主要是依靠加入适当的调味品来确定和突出的。例如,鱼香味型的菜肴就需要加入糖、酱油、醋等调味品,孜然味型的菜肴则要加入孜然,以确定和形成它们独特的滋味。

❸ 赋予菜肴色泽

一些调味品本身具有特殊的色泽,当制作菜肴时加入这些调味品,可使得菜肴呈现出特有的色泽。如:加入番茄酱制作的"番茄鱼片""番茄虾仁",色泽红亮鲜艳;加入咖喱粉时,菜肴呈现出明亮金黄色。

❹ 增加营养

调味品含有一定的营养成分,虽然用量不大,但也能起到一定的作用。例如,豆瓣酱、甜面酱含有较多的蛋白质,味精含有谷氨酸钠,蜂蜜含有多种营养成分,特别是葡萄糖和果糖含量较高,这都在一定程度上增加了菜肴的营养,对增进人体健康起到一定的作用。

另外一些调味品,如醋、盐具有杀菌消毒的作用,某些辛香调味品具有增进食欲的作用。

二、调味品用料的估算方法

中国菜肴素以色、香、味、形著称于世,饮食的各种美味除了来自主、配料本身外,很大一部分取决于各种调味品,它是菜肴中不可或缺的成分。

在某些菜中,调味品用料很少,在菜肴的成本中所占的比重也不高,许多餐馆容易忽视对调味品成本的核算与调味品的日常管理,但它仍然是菜肴成本的一部分,而且从长期看,尤其是传统的油、盐、醋、糖、胡椒、味精等调料,在所耗用的原材料的总成本中有相当的比例,从餐饮企业整体情况来看,所耗用的各种调料品数量和成本也是极为可观的。

而且,随着复合调料的迅速发展,天然风味调料的发展和利用,保健调料的兴起,以及新科技在调料中的应用,使得调味品的质量全面提高,调味成本在餐饮产品成本中的比重亦将趋向增大。

在某些特殊菜肴里,需要特别的调料,或调料的用量相当多,其成本可能超过其他原料,如一份

"麻婆豆腐"的主料成本不怎么高,只是两块豆腐,而辅助材料和调味品的成本却高于主料成本,几乎占到整个菜肴总成本的60%。

因此,调味品成本的计算不可忽视,要精确地核算餐饮产品成本,必须将调味品的成本核算工作做好。

用于菜肴制作的调味品种类很多,但每一个单位产品中的耗用量较少,有的甚至很细微。因此,使用时不能像主料和配料那样,事先可以按质定量称好,只能在极短的时间内,以很快的速度随取随用,故单位产品的调味品成本,实际上是在对有代表性的食品进行试验和测算的基础上估算出来的。

调味品用量的估算方法大致有三种,分别为容器估量法、体积估量法和规格比照法。

❶ 容器估量法

容器估量法是在已知某种容器容量的前提下,根据调味品在容器中所占部位的大小,估计出其数量的一种方法。先估计出其重量,再根据该调味品的购进单价,计算出成本。这种方法一般用来估量液体调味品,如酱油、料酒类等。由于烹调中多用手勺加放调味品,因此,可以运用手勺来估计这类调味品的用量,也可以运用汤匙、碗、盆、盅等进行估量。

❷ 体积估量法

体积估量法就是已知某种调味品在一定体积中的数量的前提下,根据其用料体积直接估计其数量的一种方法,然后按该调味品的购进单价,算出其成本。这种方法主要适用于粉质或晶体调味品,如糖、盐、味精、胡椒、干淀粉等。由于烹调时多用羹匙、手勺等加放这些调味品,故也可以用这些器皿来估计调味品的用量。

❸ 规格比照法

规格比照法就是比照主料和配料质量相仿,烹调方法相同的某些传统菜品的调味用量,来确定新菜品调味品用量的一种方法。例如,比照拔丝荔枝肉的糖、油耗用量,估计确定拔丝樱桃的糖、油耗用量。该方法的优点是由此及彼,简便易行。

但若对老菜品的调味品用量掌握不够精确,则误差也会随之产生。此外,应注意把握,主料和配料物性相似,烹调技法相同,是正确运用规格比照法的基础。

一般菜肴的调味品成本,大都是估算出来的平均值。即使估算比较准确,但在实际操作中,由于烹调人员的技术水平各自不同,调味品的用量就会因人而异,随意性较大。因此,调味品成本在饮食产品中是一个不稳定因素。这就要求烹调人员必须提高烹饪技术,熟悉各种产品的调味品标准用量,熟悉各种调味品的规格、质量和价格,提高投料的准确性。

以上所述,是关于直接用于饮食产品的调味品用量。至于餐厅供顾客在进餐中随意取用的调味品,对每一单位产品而言,习惯上都忽略不计,而在企业总的调味品成本中加以计算。

三、调味品成本计算方法

饮食产品的生产加工方法,大体可分为两种不同的类型,即单件生产和批量生产。单件生产以各种菜肴为主,批量生产则以各种主食、点心和卤制品为主。因此,生产和加工的类型不同,调味品的成本核算的方法也不同。

❶ 单件产品调味品的成本核算

单件制作产品的调味品的成本,也称个别调味品成本,各种单件生产的菜肴的调味品成本都属于这一类。核算这一类产品的调味品成本,先要将各种调味品用量估算出来,然后根据其购进单价(即单位成本),分别计算出其价款,然后逐一相加即可,具体步骤如下。

(1) 首先计算出制作单件产品所用的各种调味品用量。

(2) 根据其购进价格,分别计算出各自的价值(成本)。

(3) 将各种调味品成本逐一相加,得到单件调味品的成本。

在实际烹制一份菜肴时,有些调味品因用量极少而很难精确计算其成本。对于这种情况,计算时可采取扩大菜肴烹制份数的办法,例如,扩大10倍或20倍等,以增大调味品的用量并计算出其成本,然后再以份数相除,可算出每一份菜肴中该调味品的成本。

单件产品调味品成本的计算公式是:

$$调味品成本 = 调味品1成本 + 调味品2成本 + \cdots\cdots + 调味品n成本$$

❷ 批量产品调味品的成本核算

批量产品调味品成本是指批量生产(成批制作)产品的单位平均调味品成本。点心类制品、卤制品等都属于这一类。计算这类产品的调味品成本,可分为三步进行。

(1) 首先用容器估量法和体积估量法,估算出整批产品中所需的各种调味品的总用量及其成本。由于在这种情况下,调味品的使用量一般较多,使用时应尽可能过秤称量,力求调味品成本核算较为准确,同时也能保证产品质量的稳定。

(2) 按进货单价分别算出各种调味品成本,并计算出调味品的总成本。

(3) 用产品数量(或重量)来除调味品的总成本,从而得出单位产品的调味品成本。

批量产品平均调味品成本的计算公式是:

$$平均调味品成本 = 批量产品耗用调味品总值 / 产品总量$$

【例 3-1】 广西某餐馆的"笋焖仔鸡"一份(图 3-2),耗用各种调味品数量及其成本分别是:生油 50 克,单价 10.00 元/千克;酱油 30 克,单价 4.00 元/千克;糖 5 克,单价 6.00 元/千克;鸡精 2 克,单价 25.00 元/千克;淀粉 2 克,单价 10.00 元/千克;料酒 3 克,单价 6.50 元/千克。试计算每份"笋焖仔鸡"的调味品成本为多少元?

解:首先计算出每种调味品的成本。

$$生油成本 = 0.050 \times 10.00 = 0.5(元)$$

$$酱油成本 = 0.030 \times 4.00 = 0.12(元)$$

$$糖成本 = 0.005 \times 6.00 = 0.03(元)$$

$$鸡精成本 = 0.002 \times 25.00 = 0.05(元)$$

$$淀粉成本 = 0.002 \times 10.00 = 0.02(元)$$

图 3-2 笋焖仔鸡

料酒成本＝0.003×6.50≈0.02(元)

将上列各种调味品成本逐一相加。

调味品成本＝0.50＋0.12＋0.03＋0.05＋0.02＋0.02＝0.74(元)

答：笋焖仔鸡一份的调味品成本是 0.74 元。

【例 3-2】 某汤包馆生产 200 份小笼汤包(图 3-3)，耗用的各种调味品数量及其单价如下：味精 80 克，单价 32.00 元/千克；胡椒 20 克，单价 64.00 元/千克；红糖 200 克，单价 6.00 元/千克；红醋 1000 克，3.20 元/千克；小麻油 250 克，单价 24.00 元/千克；生姜 800 克，单价 6.40 元/千克；酱油 2000 克，单价 3.20 元/千克；料酒、盐、碱适量，成本共计 2.00 元。试计算每份小笼汤包的调味品成本是多少？

图 3-3 小笼汤包

解：分步骤计算所耗调味品的成本。

第一步，计算 200 份小笼汤包所耗用的调味品成本总值；

成本总值＝32.00×0.08＋64.00×0.02＋6.00×0.2＋3.20×1＋24.00×0.25
　　　　＋6.40×0.8＋3.20×2.00＋2.00
　　　　＝27.76(元)

第二步,求出每份小笼汤包的调味品成本：

$$27.76÷200≈0.14(元)$$

答：每份小笼汤包的调味品成本是0.14元。

相关知识

鸡　精

鸡精不是从鸡身上提取的,它是在味精的基础上加入化学调料制成的,由于核苷酸带有鸡肉的鲜味,故称鸡精。它可以用于使用味精的所有场合,适量加入菜肴、汤羹、面食中均能达到调味效果。鸡精中除含有谷氨酸钠外,更含有多种氨基酸。它是既能增加人们的食欲,又能提供一定营养的家常调味品。

鸡精味道鲜美,在烹调菜肴时适量使用,能促进食欲。鸡精的鲜味主要来自谷氨酸钠,谷氨酸钠是谷氨酸的钠盐,它有强烈的肉类鲜味,易溶于水。鸡精进入胃肠后,所含的谷氨酸钠能很快分解出谷氨酸。谷氨酸是一种氨基酸,参加人体内的代谢活动,具有改善大脑功能和稳定人情绪的作用,有利于智力发育。

并非所有的菜肴都适合加鸡精,炖煮排骨等本身具有鲜味的食物时,加入鸡精会让食物走味,影响菜的味道。这时可以选用普通味精等调味品代替。

还有一点需要注意的是,鸡精含核苷酸,其代谢产物就是尿酸,所以有心脏或者免疫系统疾病或皮肤病、肝病的患者做饭决不能放鸡精。

任务二　燃料成本的核算

建议课时：2课时

任务描述

燃料是加工制作饮食产品所必需的物质,包括饮食生产中所耗用的薪柴、煤炭、柴油、天然气及电力等。燃料成本在饮食产品中占有一定的比例,所以加强燃料成本的核算直接关系到饮食企业的正常经营和发展。

任务导入

餐饮燃料市场,将会是新型甲醇燃料的主战场

随着国内现代化建设的高速发展,新型厨房用品不断突破,环保产品层出不穷。2017年上半年全国餐饮业创纪录地实现2728亿的营业额,较去年同比增长超过20%。增幅增速居全国消费品市场的首位,名列国民经济中各行业的前列。

同时,餐饮业对能源的消耗需求也是巨大的,占到整个产值的10%左右,也就是说2017年上半年中国餐饮燃料消耗就达到了270亿以上。谁能抢占国内的餐饮燃料市场,谁就会成为最大的赢家。以新型甲醇燃料为代表的新能源燃料行业,立足于环保绿色发展,形成独特的餐饮燃料商机。

目前大部分的餐饮酒店,食堂厨房是以柴油、液化气为主要燃料,虽然现在液化气、柴油已经降价,但相比甲醇燃料的生产成本仍然高出三分之二的价位。在新技术条件下,新型甲醇燃料可以直接节能30%左右,如果在餐饮行业全面推广开来将全方位节能30%左右,从而带动整个民用燃料市场节能、减排,促进我国环保事业的全面发展。

任务目标

1. 了解燃料的定义。
2. 掌握燃料成本核算的意义和特点。
3. 熟练运用燃料成本核算的方法。

一、燃料的概念及种类

在制作菜肴、面点的过程中,绝大部分品种都需要经过加热,而烹制加热就需要燃料。餐饮业在烹制菜肴、面点时所需要的热能,主要来源于木柴、木炭、煤炭、柴油、液化气、天然气、沼气、电等,这些统称为燃料。

近年来,燃料价格不断攀升,燃料费用在餐饮产品成本中占有一定的比例,甚至在一些餐饮产品中占有相当高的比重。因此,准确核算燃料成本对于计算餐饮产品成本具有十分重要的实际意义。

二、燃料的成本核算方法

烹饪燃料价值是指燃料的成本。因为燃料的耗用量在成本中占有一定比率,所以必须计入餐饮产品成本。燃料成本的核算主要有以下两种方法,即直接耗用核算法和平均耗用核算法。

（一）直接耗用核算法

直接耗用核算法即直接将餐饮企业在生产饮食中所耗用的各种燃料开支逐一相加,核算出企业的燃料总成本,再根据企业的总产量,核算单位产品的平均燃料成本。

燃料总成本的计算公式:

$$燃料总成本 = 实耗燃料1成本 + 实耗燃料2成本 + \cdots\cdots + 实耗燃料n成本$$

$$单位产品燃料成本 = 燃料总成本 \div 产品总量$$

【例3-3】 某包子店日销售额12000.00元,其中每日生产销售包子300.00千克(每千克28.00

元),销售额8400.00元,其他为菜肴等的销售额。该店每日蒸包子等耗用煤1吨(每吨270.00元),另外在烹制菜肴等中耗用液化气72.00千克(每千克3.00元),试计算该店每日耗用燃料成本为多少元?每千克包子的燃料成本为多少元?

解:根据计算公式

$$每日耗用燃料成本 = 1 \times 270.00 + 72.00 \times 3.00 = 486.00(元)$$

$$每千克包子的燃料成本 = 270.00/300.00 = 0.90(元)$$

答:该包子店每日耗用燃料成本486.00元,每千克包子的燃料成本为0.90元。

(二)平均耗用核算法

在计算燃料成本中,每日去盘点核算燃料的实际耗用量及其成本是很烦琐和困难的,根据一定时期耗用的燃料成本与饮食原料成本之间的比率,即运用成本燃料率计算燃料成本,则比较方便和易于掌握。这是以一定时期的燃料实际成本耗用作为基础的,故具有平均耗用的性质。

公式:

$$成本燃料率 = 燃料成本 \div 原材料成本 \times 100\%$$

$$燃料成本 = 原材料成本 \times 成本燃料率$$

【例3-4】 某酒店一季度总计耗用原材料成本442000.00元,耗燃料26520.00元,试计算其成本燃料率为多少?现供应大众化筵席20桌,拟定每桌原材料耗用为250.00元,试参照一季度成本燃料耗用水平,计算每桌筵席的燃料成本应为多少元?

解:根据计算公式

$$成本燃料率 = 26520.00 \div 442000.00 \times 100\% = 6\%$$

$$每桌筵席燃料成本 = 250.00 \times 6\% = 15.00(元)$$

答:该酒店成本燃料率为6%,每桌筵席的燃料成本应为15.00元。

运用成本燃料率计算燃料成本,一定要以燃料成本的实际耗费比率为基础,一般来说,大众餐厅和低价饮食的成本燃料率略高些,反之,豪华酒店和高价饮食的成本燃料率则较低。

三、节约能源的措施

现代酒店、餐馆都应积极响应国家提出的"节能减排,减少污染"的号召,建议采取如下措施,进一步节能减耗。

(1)严格控制非生产用火,尽量减少用火时间,节约能源,减少污染。

(2)使用先进炊具器皿,如能用高压锅就不要用普通传统锅、使用蒸笼来蒸炖菜肴和面点。

(3)用完火要立即关气、关电、关柴油,避免漏气、耗电、漏油。

(4)注意节约利用热能,尽量减少用热能的次数和时间。

(5)制定和执行耗能指标,做到节约有度、惩罚浪费,切实向"节能降耗、节能减排"的科学发展观方向发展。

项目小结

本项目学习了烹饪调料的定义、分类、意义和特点,运用容器估量法、体积估量法、规格比照法进行调味品成本估算,学习掌握单件调味品的成本核算方法和批量产品调味品的成本核算方法,以及燃料直接耗用和平均耗用成本的核算方法。

同步测试

一、思考题

1. 什么是调料?
2. 调味品按呈味感觉可分为哪几类?
3. 燃料成本核算的方法有哪些?

二、计算题

1. 调味品用量的估算方法有几种?李锦记特级蚝油510克售价45.00元,一份蚝油菜心需要用30克蚝油,你能估算出制作此菜中蚝油的成本是多少吗?

2. "金瓜银杏丁"一份,耗用各种调味品:生抽75克,单价16.00元/千克;料酒10克,单价10.80元/千克;味精1.5克,单价20.00元/千克;酱油15克,单价3.60元/千克;糖5克,单价4.80元/千克;湿淀粉40克,单价2.00元/千克。试求其调味品成本是多少?

3. 某餐馆用生猪肝8.40千克,制成卤猪肝5.10千克,经估量或实称,用去各种调味品数量及其价款如下:生油100克,1.50元;糖250克,1.50元;料酒250克,1.20元;酱油750克,3.00元;葱、姜少许,0.80元;味精10克,0.30元;八角、桂皮等少许,0.37元。计算每100克猪肝的调味品成本是多少?

项目四

餐饮产品成本核算

项目描述

本项目重点是深入了解菜点产品成本核算的意义和特点,根据菜点产品加工制作的类型不同,选择适当的成本核算方法进行菜点的成本核算(图 4-1)。

项目目标

1. 理解菜点产品成本核算的意义和特点。
2. 能分辨菜点产品加工制作的两种类型,即单件生产和批量生产。
3. 掌握先总后分法和先分后总法的成本核算方法。

扫码看课件

图 4-1 成本核算

任务一 餐饮产品成本核算概述

建议课时:2 课时

任务描述

本任务主要是学习和了解餐饮业餐饮产品成本核算的意义、餐饮产品成本核算的特点,熟练掌握菜点产品加工制作的两种类型和成本核算的两种方法。

> 任务导入

在家中制作一份冷菜(图 4-2)或点心,核算其制作成本,完成表 4-1,并思考以下三个问题:

图 4-2　冷菜

1. 餐饮产品成本由哪几部分构成?
2. 冷菜和点心在加工制作上有什么差异?成本核算的方法又有哪些不同?
3. 为什么要对菜点产品进行成本核算?

表 4-1　冷菜(或点心)成本核算记录表

类别	原料名称	采购数量	采购单价	净料用量	净料单价	使用数量	金额/元
主料							
配料							
调料							
燃料				—	—		
成本总计/元							

> 任务目标

进一步了解餐饮产品成本要素,并能根据菜点产品的加工制作类型选择不同的核算方法进行成本核算,并理解成本核算的意义及特征,初步了解实际成本与标准成本间产生差异的因素。

一、餐饮产品成本核算的意义

中华饮食文化玲珑俊雅,寓意万千,或与诗词相连,或与园林相系,或与音乐相配,林林总总,滋味浓郁,博大精深。那些丰富的物产,多样的食材,呈现在餐桌上的是五彩缤纷、香溢四桌、令人赞叹的美食,融入文化生活中的是热爱生命、憧憬美好的愿望。

改革开放以来,我国餐饮企业的大规模发展,不仅满足了旅游者的需要,而且带动了旅游业乃至国民经济其他部门的发展。随着我国加入世界贸易组织(WTO),国内餐饮行业迎来了其他国家餐饮企业的冲击和挑战,要想在激烈的市场竞争中立于不败之地,除了保证菜品质量、提高服务质量外,还要做好菜品成本核算工作,谁的运行成本低,就意味着谁可以显示出价格优势,与其他竞争者争夺更多的客户和市场,从而获得更多的利益。

只有通过全面的成本核算,才能及时掌握营业收入、劳动效率、菜品质量、销售数量、原材料消耗,以及各项费用支出的具体情况,全面衡量企业经营的经济效益和管理水平,为经营者的决策、计划、管理、控制、分析等工作提供科学可靠的依据。

(一)餐饮产品准确的成本数据是制定价格的依据

餐饮产品的定价是销售和成本控制的一个重要环节,价格将会直接影响到企业的经济利益,是企业营销的重要手段和常用的营销战略。餐饮产品最基本、最普遍的定价方法是成本导向定价法,它是以餐饮产品的成本为基础,再加上一定的利润和税金而形成的一种定价方法。菜点产品的价格应该在收回成本的基础上,还能补偿经营中的必要费用和所需上缴的税金,另外,还需要有一定的余额作为经营利润。采用成本导向定价方法,一要准确核算菜点产品的成本,二要确定恰当的利润比例。显然,成本核算的正确与否,将直接影响定价的准确性。

(二)餐饮产品准确的成本数据有利于成本的分析与控制

餐饮产品的花色品种繁多,边生产边销售,且烹制过程烦琐,为了便于企业进行质量控制和日常管理,就必须加强日常成本核算,及时检查和监督实际成本有无偏离目标成本,有无跑冒漏滴及因保管不善而发生原材料残损或变质现象,找出产品成本升高或降低的原因,形成一套贯穿于所有环节的成本控制流程和制度,以提高经营管理水平,降低餐饮经营成本,力求最大利润,进而有效地达到经济效益与社会效益双丰收的经营目标。

(三)餐饮产品准确的成本数据有利于维护消费者利益

餐饮产品成本核算要不折不扣地执行国家餐饮行业相关法律政策,接受国家对本企业在商品生产、交换和各种经济活动中发生的质量、服务和价格关系实行的监督、规范、推动作用。餐饮产品成本核算能有效建立健全菜点的用料定额标准,保证加工制作的基本尺度;建立和健全菜点生产的原始记录,保证全面反映生产状态;建立和健全计量体系,保证实测值的准确,使实际原料成本越来越接近或达到标准成本,有利于维护消费者利益,提升品质、强化服务、努力满足不同层次消费者的多元化需求。

二、餐饮产品成本核算的特点

餐饮业务构成复杂,既包括对外销售,也包括内部管理,既要考虑根据企业的内部条件和外部的市场变化,选择正确的经营目标、方针和策略,又要合理组织内部的人、财、物,提高质量,降低消耗。另外,从人员构成和工作性质来看,餐饮企业既有技术工种,又有服务工种,既有操作技术,又有烹调、服务艺术,这必然给企业管理增加一定的难度,要求我们既要根据客观规律组织餐饮的经营管理活动,增强科学性,又要从实际出发,因地制宜,灵活处理,提高艺术性。同时,餐饮成本构成广泛,变化较大。从原料成本来看,有的是鲜活商品,有的是干货,有的是半成品,有的是蔬菜瓜果(图4-3)。这些原料拣洗、宰杀、拆卸、涨发、切配方法和配置比例存在明显差异,加工过程中损耗程度各不相同,而且有些原料的价格往往随行就市,变动幅度较大。但是餐饮企业的菜点价格又不能经常变动。此外,还有燃料、动力费用,劳动工资,餐具等易耗品的消耗,家具、设备的折旧等,其中有些是易碎品,损耗控制难度较大。

图 4-3　食品原料

因为餐饮行业的独特性,餐饮成本结构可分为直接成本和间接成本两大类。所谓直接成本,是指餐饮企业在一定时期内所耗用的主料、配料、调味料和燃料的总成本,也是餐饮业务中最主要的支出。除了原材料成本外,还包括其他费用,即所谓的间接成本,主要指在菜点产品加工制作过程中耗费的人工费、固定资产折旧费、管理费用等不计入产品成本的期间费用。

一般情况下,菜点产品的成本核算仅指狭义的原材料的成本核算,即餐饮企业各部门为正常运营所需而购置的各种原材料费用,即所耗用的主料成本、配料成本、调味品和燃料成本之和。其他费用成本均另立项目,列在餐饮企业的经营管理费用项目中去计算。

当然,菜点产品的成本,一般是根据所耗用的原材料每月计算一次。如果厨房领用的原材料当月完全用光而无剩余,领用的原材料金额就是当月全部产品的成本。如有剩余和半成品,则采用"以存计耗法"倒求成本。用"以存计耗法"计算所用的原材料成本,必须将盘存工作组织好,及时地对厨房(包括隶属企业的小仓库、保管室等)的剩余原料和半成品进行全面的精确盘点,并且合理地进行计价,以保证成本核算工作的顺利进行。

三、餐饮产品成本核算的方法

餐饮产品的成本是耗用的各种原材料(包括燃料)的成本之和。因此,若求某一菜点的成本,只要将其耗用的各种原料成本逐一相加即可得到。由于菜点产品的加工制作大致可分为批量生产和单件生产两种类型,因此菜点产品成本的核算方法也相应地分为两种。

（一）批量产品成本核算方法

批量产品成本核算方法,主要运用"先总后分法"。成批制作的菜点产品,其各个单位产品的用料和规格质量一样,因此,其单位产品的成本相等。求其单位产品成本时,先计算出整批产品所耗用的主配料和调味品成本,然后再根据该批产品的数量,求出其每一单位产品的平均成本。

先总后分法的计算公式：

$$本批产品耗用原材料总成本 = 本批产品主料成本 + 本批产品配料成本$$
$$+ 本批产品调味品成本 + 本批产品燃料成本$$

$$单位产品的平均成本 = \frac{本批产品耗用原材料总成本}{产品数量}$$

（二）单件产品成本核算方法

单件产品成本核算方法,主要运用"先分后总法"。这种方法适用于单件制作的菜点,因其花色、品种、规格不同,所需原料的规格、质量和用量也不相同,求其单位产品成本时,先求出单位产品中所耗用的各主配料和调味品的成本,然后把所耗用的各种原料成本逐一相加,即为该单位产品的成本。

先分后总法的计算公式：

$$单位产品成本 = 单位产品主料成本 + 单位产品配料成本$$
$$+ 单位产品调味品成本 + 单位产品燃料成本$$

 相关知识

制定标准菜谱卡好处多

标准菜谱卡的作用,主要包括以下8个方面。

1. 预示产量。可以根据原料数量,测算生产菜肴的份数,方便成本控制。

2. 减少督导。厨师知道每个菜肴所需要的原料及制作方法,只需要遵照执行即可。

3. 高效安排生产。制作具体菜肴的步骤和质量要求明确后,安排工作时更加快速高效。

4. 减少劳动成本。可以减少厨师个人的操作技巧和难度,技术性可相对降低,劳动成本也因而降低。

5. 可以随时测量每个菜的成本。根据配方核算每个菜的成本。

6. 食谱程序书面化。可以避免对个人因素的依赖。

7. 分量标准。按照标准菜谱规定的各项用料进行生产制作,可以保证成批分量标准化。

8. 减少对存货控制的依靠。通过销售菜品份数与标准用料计算出已用料情况,再扣除部分损耗,便可测知库存原料情况,有利于安排生产和进行成本控制。

在实际工作中,首先对照标准菜谱卡进行原料成本的核算,以便确定最终的销售价格,然后在日常的管理过程中,随机选择产品抽样,确定单件产品实际成本的消耗。根据抽样测定结果,计算成本误差,填写抽样成本核算报表,分析误差原因,提出改进措施。

任务二 餐饮点心、菜肴的成本核算

建议课时：4课时

任务描述

进一步明确餐饮点心、菜肴的成本核算，实质上是点心、菜肴原材料成本的核算，它是制定产品价格的基础。点心、菜肴的成本是其所耗用各种原材料的成本之和，即所耗用的主料成本、配料成本、调味品成本与燃料成本之和。由于点心、菜肴的加工制作类型不同（图4-4），成本核算的方法也不同。点心大多属于批量生产，采用先总后分法；菜肴属于单件生产，采用先分后总法。

图4-4 烹饪点心、菜肴

任务导入

根据表4-2和表4-3，思考并回答以下问题：

1. 蓝莓蛋糕和扒牛柳两种菜品，哪一种菜品的成本核算属于批量产品成本核算？哪一种菜品的成本核算属于单件产品成本核算？
2. 这两种成本核算有何不同？

表4-2 标准菜谱配方1

菜肴名称：<u>蓝莓蛋糕</u>　　份数：<u>200</u>　　日期：<u>2019-1-3</u>

每份成本：<u>0.55</u>元　　预计售价：<u>1.50</u>元　　编号：<u>0001</u>

原料名称	投料量/克	单价/(元/千克)	成本金额/元	备 注
鸡蛋	2500	11.20	28.00	
砂糖	1200	16.00	19.2	
盐	10	4.00	0.04	
低筋面粉	1250	5.80	7.25	

续表

原 料 名 称	投料量/克	单价/(元/千克)	成本金额/元	备　注
泡打粉	20	15.00	0.30	
蛋糕油	150	38.00	5.70	
酥油	750	55.00	41.25	
蓝莓	150	23.80	3.57	
蓝莓粉	20	44.00	0.88	
燃料			3.81	
合计成本			110.00	
单位成本			0.55	
单位售价			1.50	
成本率			36.7%	

表 4-3　标准菜谱配方 2

菜肴名称：扒牛柳　　　　　　　份数：1　　　　　　　　　　日期：2019-1-3
每份成本：54.00 元　　　　　　预计售价：135.00 元　　　　　　编号：0002

原 料 名 称	投料量/克	单价/(元/千克)	成本金额/元	备　注
澳洲牛柳	200	150	30.0	
香草黄油	50	111	5.55	
胡椒汁	30	52	1.56	
薯条	50	34	1.70	
时令蔬菜	50	60	3.00	
扒番茄	90	43	3.87	
蒜酱	10	65	0.65	
沙拉	40	60	2.40	
地壮芥末	20	175	3.50	
燃料			1.77	
合计成本			54.00	
售价			135.00	
成本率			40%	

> **任务目标**

能快速分辨出蓝莓蛋糕属于点心类,而扒牛柳属于菜肴类。这两种菜点在加工制作上属于两种不同类型,即蓝莓蛋糕是批量产品生产,扒牛柳是单件产品生产。批量产品成本核算方法,主要运用"先总后分法",单件产品成本核算方法,主要运用"先分后总法"。

一、点心产品的成本核算方法

我国的点心是特有的美食(图4-5),与菜肴一样具有悠久的历史。唐代郑修为江淮留后,家人备夫人晨馔,夫人顾其弟曰:治妆未结,我未及餐,尔且可点心。又有传说宋代梁红玉击鼓退金兵之时,见到战士们日夜血战沙场,英勇杀敌,屡建战功,甚为感动,随即传令烘制民间喜爱的美味糕饼,派人送往前线,慰劳将士,以表"点点心意"。自此以后,"点心"的名字便传开了,并一直沿用至今。

图 4-5 点心

经过几千年的文化洗礼,点心的种类层出不穷,变化多样。目前人们常将我国的点心分为"南味""北味"两大风味,具体又按风味流派分为京式点心、苏式点心和广式点心三种。而西式点心传入我国的时间应该为19世纪初期,现已成为我国点心的重要成员,并在丰富中国饮食品种和口味上发挥着重大作用。西式点心的种类一般有蛋糕类、面包类、油酥饼干类等,以制作精细、营养丰富、花色品种繁多而著称。

点心不仅是一种常用的餐饮产品,既可作早餐,也可作午餐、晚餐之用,同时还是宴席不可缺少的组成部分,可使宴席品种更丰富、更有趣味,并可作为馈赠的礼物,以增添节日气氛。随着人们生活水平的不断提高及工作节奏的加快,点心产品越来越受到人们的重视。在点心产品受到欢迎的同时,如何在保证质量的前提下使价格合理,就显得相当重要了,为此必须认真搞好点心产品的成本核算工作。

我们日常接触的中西小点所使用的原料主要分为两大类:其中一类是制作面皮等所用的五谷杂粮等,如面粉、大米、米粉等;另外一类是制作点心馅儿料常用到的蔬菜、禽蛋、畜肉和水产品、干鲜果等。调料和香料也是制作中西小点必不可缺的,可以使点心具有多样口味和风格特色。中西小点通常是批量生产制作的。因此，可按先总后分法计算其成本。在点心的成本核算中，无论制好后的皮或馅如何结合，是有皮无馅的还是有馅无皮的品种，是有汤汁的还是无汤汁的品种，不管如何，两者的计算方法都是一样的。但也有少数品种，如炒面、果羹等有时也是单件生产的，可按先分后总法计算其成本。

这里我们主要介绍的是批量生产的点心成本核算。

$$本批点心耗用原料总成本＝本批点心主料成本＋本批点心配料成本$$
$$＋本批点心调味品成本＋本批点心燃料成本$$

$$单位产品的平均成本＝\frac{本批点心耗用原料总成本}{产品数量}$$

【例 4-1】 某蛋糕店制作玫瑰鲜花饼（图 4-6），用料及其单位成本如下：玫瑰酱 280 克，单价为 75.00 元/千克；熟糯米粉 20 克，单价为 19.00 元/千克。玫瑰酱与熟糯米粉混合均匀后入冰箱冷藏作花饼馅备用。中筋面粉 130 克，单价为 6.00 元/千克；猪油 80 克，单价为 40.00 元/千克；低筋面粉 80 克，单价为 8.00 元/千克；细砂糖 10 克，单价为 16.00 元/千克，燃料 2 元。混合、揉匀、松弛后分成 12 等份，作花饼皮备用。花饼皮包入全部馅后烘烤至熟。试求玫瑰鲜花饼的总成本和单位成本是多少？

图 4-6 玫瑰鲜花饼

解：

1. 计算玫瑰鲜花饼的总成本：

$$玫瑰酱成本＝0.28×75.00＝21.00(元)$$

$$熟糯米粉成本＝0.02×19.00＝0.38(元)$$

$$中筋面粉成本＝0.13×6.00＝0.78(元)$$

$$猪油成本＝0.08×40.00＝3.20(元)$$

$$低筋面粉成本＝0.08×8.00＝0.64(元)$$

$$细砂糖＝0.01×16.00＝0.16(元)$$

$$燃料＝2(元)$$

玫瑰鲜花饼的总成本＝21.00＋0.38＋0.78＋3.20＋0.64＋0.16＋2＝28.16（元）

2．计算玫瑰鲜花饼的单位成本：

玫瑰鲜花饼的单位成本＝28.16÷12≈2.35（元）

答：玫瑰鲜花饼的总成本是28.16元，单位成本为2.35元。

【例4-2】 某点心部门制作椰蓉甘露酥（图4-7），用料及其单位成本为：低筋面粉1000克，单价8.00元/千克；白糖550克，单价4.80元/千克；猪油500克，单价40.00元/千克；净蛋200克，单价6.80元/千克；发粉20克，0.12元；椰蓉（馅）1300克，单价22.00元/千克，燃料2.28元。若甘露酥皮每个重30克，椰蓉馅按甘露酥皮的数量平均计算，求每一个甘露酥的成本是多少？

图4-7 椰蓉甘露酥

解：

1．计算椰蓉甘露酥的总成本：

低筋面粉成本＝1×8.00＝8.00（元）

白糖成本＝0.55×4.80＝2.64（元）

猪油成本＝0.5×40.00＝20.00（元）

净蛋成本＝0.2×6.80＝1.36（元）

发粉＝0.12（元）

椰蓉＝1.3×22.00＝28.60（元）

燃料＝2.28（元）

椰蓉甘露酥总成本＝8.00＋2.64＋20.00＋1.36＋0.12＋28.60＋2.28＝63.00（元）

2．计算甘露酥皮的数量：

皮重量＝1＋0.55＋0.5＋0.2＋0.02＝2.27（千克）

皮数量＝2.27÷0.03≈75.67（个），按75个计。

3．计算每一个甘露酥的成本：

甘露酥的单位成本＝63÷75＝0.84（元）

答：每一个甘露酥的成本是0.84元。

点心产品不仅品种多，而且生产的批次也多，因此除了核算每批点心产品成本外，还要定期（每周、每月)核算制作点心产品所用原材料的综合成本。大型餐饮企业每天都应核算耗用的原材料成本,并编制成本日报表,这样才能及时了解原材料的耗用情况并发现生产过程中的问题,以便控制成本。

二、菜肴产品的成本核算方法

世界上有东方菜系、西方菜系和土耳其菜系三大菜系之分。

从烹饪的文化角度来看,中国菜肴属于东方菜系,拥有悠久的历史、精湛的技术、丰富的品类、众多的流派、独特的风格,是中国数千年烹饪发展的宝贵结晶,享有世界声誉,所以中国烹饪水平代表了东方烹饪水平。

中国人发明的食品数量种类之多,食品覆盖的领域之宽,在世界上是独一无二的。在中餐三万种原料中,常用到的就达一万多种(图4-8)。中国菜肴拥有上万个品种,在世界三大菜系中菜品是最丰富的。各种原料经过精细的烹饪而变为美味的菜肴,因此说,不同原料的质地决定了各种菜肴的不同质感。中国烹饪的另一个特长是精细的刀工。加工原料时对于均匀大小、长短一致、厚薄相当非常讲究,材料不能过大过粗,以便能使其均匀受热、迅速变熟,而且其鲜嫩得以有效保持,同时也便于出味和入味。精良的调味也是中国烹饪的独门绝技。其具有特别丰富的味型种类,五百多种调味用料,单一味和复合味俱全,仅川菜就有24种味型。在中国复杂、细腻的烹饪调味过程中,包括烹调前、中、后三阶段,擅长调和品味,是中国烹饪调味的优势所在,在多种原料和调味物质的相互作用下,多种美味就可以被创造出来,或者原料的异味就可以被去除。在三大菜系中,以法国烹饪为首的西方菜系在世界烹饪行业中也是一个不可缺少的元素,是世界菜系的重要组成部分,是世界烹饪艺术中的一颗璀璨的明珠。西方菜系和东方菜系一样,有着多样性,从高档到中档再到低档,从便餐到茶餐,受到了很多消费者的追捧,无不从各个方面满足了我们对吃的不懈追求。

图 4-8 菜肴原料

菜肴品种如此繁多,但一般可分为热菜和冷盘两大类,无论哪一类,都是个别切配、单件制作的(少数点心产品,如炒面、果羹等也是单件生产的),所以要计算每一个菜肴产品的成本,只需将菜肴所耗用的各种原料成本相加即为所求的结果,因此适用于单件产品成本核算方法。

菜肴单位产品成本＝单位产品主料成本＋单位产品配料成本
＋单位产品调味品成本＋单位产品燃料成本

【例4-3】 制作一份铁扒牛柳配时蔬红酒沙司(图4-9)，用料及其单位成本为：牛柳150克，单价85.00元/千克；土豆100克，单价4.00元/千克；芦笋40克，单价18.00元/千克；黄椒30克，单价30.00元/千克；西红柿30克，单价16.00元/千克；奶酪粉5克，单价17.00元/罐(85克)；干红葡萄酒15 mL，单价16.00元/瓶(750 mL)；盐2克，单价4.00元/千克；百里香2克，单价220.00元/千克；胡椒粉1克，单价78.00元/千克；色拉油30 mL，单价11.00元/L；燃料2元。求：一份铁扒牛柳配时蔬红酒沙司的制作成本是多少元？

图4-9　铁扒牛柳配时蔬红酒沙司

解：

计算铁扒牛柳配时蔬红酒沙司的总成本：

$$牛柳：0.15 \times 85.00 = 12.75(元)$$

$$土豆：0.1 \times 4.00 = 0.40(元)$$

$$芦笋：0.04 \times 18.00 = 0.72(元)$$

$$黄椒：0.03 \times 30.00 = 0.90(元)$$

$$西红柿：0.03 \times 16.00 = 0.48(元)$$

$$奶酪粉：\frac{5}{85} \times 17.00 = 1.00(元)$$

$$干红葡萄酒：\frac{15}{750} \times 16.00 = 0.32(元)$$

$$盐：0.002 \times 4.00 = 0.008(元)$$

$$百里香：0.002 \times 220.00 = 0.44(元)$$

$$胡椒粉：0.001 \times 78.00 = 0.078(元)$$

$$色拉油：0.03 \times 11.00 = 0.33(元)$$

$$燃料 = 2.00(元)$$

铁扒牛柳配时蔬红酒沙司的制作成本
=12.75+0.40+0.72+0.90+0.48+1.00+0.32+0.008
+0.44+0.078+0.33+2.00=19.426(元)≈19.43(元)

答：一份铁扒牛柳配时蔬红酒沙司的制作成本为19.43元。

【例4-4】 某酒店中厨房做鱼卷（图4-10）20份，用料及单位成本如下：净鱼肉2500克，单价36.00元/千克；净胡萝卜300克，进货单价9.90元/千克；净芹菜300克，进货单价19.90元/千克；纯肉火腿300克，单价60.00元/千克；干豆皮150克，单价18.00元/千克；净鸡蛋200克，进货单价6.10元/千克；黄油200克，单价42.00元/千克；盐30克，单价4.00元/千克；胡椒粉4克；单价78.00元/千克；白兰地酒50克，单价30.00元/千克；燃料2元。胡萝卜净料率为80%，芹菜净料率为70%，鸡蛋净料率为88%。求一份鱼卷的制作成本是多少元？

图4-10 鱼卷

解：

1. 计算20份鱼卷的总成本：

$$净鱼肉成本=2.5×36.00=90.00(元)$$

$$胡萝卜成本=\frac{0.3}{80\%}×9.90≈3.713(元)$$

$$芹菜成本=\frac{0.3}{70\%}×19.90≈8.529(元)$$

$$纯肉火腿成本=0.3×60.00=18.00(元)$$

$$干豆皮成本=0.15×18.00=2.70(元)$$

$$鸡蛋成本=\frac{0.2}{88\%}×6.10≈1.386(元)$$

$$黄油成本=0.20×42.00=8.40(元)$$

$$盐成本=0.03×4.00=0.12(元)$$

$$胡椒粉成本=0.004×78.00=0.312(元)$$

$$白兰地酒成本=0.05×30.00=1.50(元)$$

燃料＝2.00(元)

总成本＝90.00＋3.713＋8.529＋18.00＋2.70＋1.386
＋8.40＋0.12＋0.312＋1.50＋2.00＝136.66(元)

2. 计算鱼卷的单位成本：

单位成本＝136.66÷20＝6.833(元)≈6.83(元)

答：一份鱼卷的制作成本是6.83元。

为了便于控制成本和计算菜肴售价，各餐饮企业根据自身经营的特点设计并制定出适合本企业的标准菜谱卡。标准菜谱卡的制定是一项系统工程，先从餐饮结构着手，主要是根据食材复杂性、配料的多样性、厨师对菜肴的创造性，以及各大菜系不同的烹调方法、季节特性等制作的每一道菜肴的个性化方案。

中国古代的菜谱(食谱)卡，不仅反映了人类饮食生活的历史风貌，而且反映了烹调技艺的发展与进步，是烹饪技术的总结，对饮食文化的传播、交流起到了重要作用。现代标准菜谱卡既是培训、生产制作的依据，又是检查考核的标准。菜谱卡必须精确、全面、规范，其内容包括：菜点的主料、配料、调料的名称、质量特点及数量；加工制作步骤；装盘形式和盛器规格；菜点的成本、毛利率和售价等。

标准菜谱卡一般遵循"抓大放小"的制作原则。"抓大"就是精确菜肴中的主料及其用量，调料也相应抓住主要耗用的调料，这样就可以达到控制主要成本源头的目的。"放小"，就是对一些常用调料，如葱、姜、蒜等用料适当设置比例就可以了，或采取固定平均值的方法，适当设置成本。标准菜谱卡由于从原料、制作工序等各个方面对菜肴进行了量化、明确、规范化，因此可以减少督导，高效率安排生产，从而能有效地降低管理成本。由于菜肴制作的标准化，只要照做就可以基本实现，因此可避免人员波动，带来菜肴风格的波动，影响酒店经营。同时，根据标准菜谱卡上所列的各项原料的投料量及其单价就可以计算出每一份菜肴的合计成本。

现代标准菜谱卡制作可以遵循以下步骤：

第一步：确定主料和配料原料名称及数量。这是关键性的一步，它确定了菜点成本的主要决定因素。部分菜点只能批量制作，因此数量的确定只能平均分推测算，不论菜点规格大小，都应力求精确。

第二步：明确菜点的特点及质量标准。这有利于确定主料和配料的特性及加工制作方法。质量要求需明确具体。例如，烹调的原料都有一定的形状规格，原料在正式动工前所作的初步处理，如鱼的刮鳞、去鳃、除脏，土豆去皮，豆角择筋及原材料洗涤等，都要写清楚，然后再按烹调要求进行合理的刀工切配。同时，必须说明原料块的大小、片的厚薄、段的长短、条的粗细等具体规格。然后注意设计蔬菜和泡发原材料成品率，有些原材料在发泡过程中会有一定程度的损失，而且有些原材料因进货质量差别，在成品率上有很大差别。

第三步：规定调味料品种，试验确定每份用量。调味料品种、牌号要明确，因为不同厂家、不同牌号的质量差别较大,价格差距也较大。调味料只能根据批量分摊的方式测算。在实际操作中这种方法非常烦琐,用量确定也增加了很多人为因素。在此处,可以利用菜系的差别,例如,川菜自然辣味调料占主要,杭州菜、苏帮菜则口味偏甜,辣椒调料比重就相对小。那么可以通过样本测试,基本确定菜系调料用量,进而确定分摊比率,得出比较接近实际的成本。

第四步:规定菜点的加工制作步骤及要求。烹饪步骤是菜谱卡的主体部分,即菜谱中的"做法"部分。其顺序必须严格按照做菜的程序进行,并将关键环节交代清楚。例如,原料在正式烹饪之前,大多需要过油、焯水、煸炒、油煎等初步熟处理。对原料在过油时需要怎样的表面技术处理,用什么油,用多少油,油温多高,过油到什么程度,原料在焯水时用什么水锅,原料煸炒时间长短,原料油煎情况怎样,都要交代清楚。又如原料在正式烹饪时,如何放底油,如何用葱姜等爆锅,如何投放主料、辅料,如何添汤加调料等也要详细说明。对于速成类的熘炒菜或者慢成类的烧炖菜,有时还要将用火情况等加以说明。

第五步:选定盛器,落实盘饰用料及式样。通常的菜谱,大多将菜点的装盘方法写在"做法"的末尾且较简略。但如果是强调或突出造型艺术的菜点,则应重视装盘方法的介绍,如颜色搭配、餐具使用和摆放样式等,它往往影响到菜点成品的质量。

第六步:明确菜品特色,包括口味、营养、适宜人群等。因为菜点的质量,主要表现在色、香、味、美、汁等,所以当菜点在这几个方面有突出特色的时候,必须用确切的文字表达出来。

第七步:菜点的审核检验。按照质量标准审核菜点,保证菜点质量。同时结合财务内控制度,对菜点制作的各步骤设计检验环节,依据"谁制定谁审核"的原则实施。

第八步:标准菜谱卡的修正。根据标准菜谱卡烹饪菜点,检验实际装盘效果是否与用量吻合,经过反复实践和修正,得以精确量化及规范化。

第九步:确定菜品的成本、毛利率和售价。

在实际工作中,首先对照标准菜谱卡进行原材料成本的核算,以便确定最终的销售价格,然后在日常管理过程中,随机选择产品抽样,测定单件产品实际成本的消耗。根据抽样测定结果,计算成本误差,填写抽样成本核算报表,分析误差原因,提出改进措施(以上分析主要从直接构成产品主体成本要素进行说明,省略了燃料因素)。

【例4-5】 调查(或制作)并计算一份"爆炒鱿鱼花"(图4-11)所需要的原材料及其成本,设计"爆炒鱿鱼花标准菜谱卡"。要求:确定主料和配料原料名称及数量;明确菜点的特点及质量标准;明确调味料品种,试验确定每份用量;明确菜点的加工制作步骤及要求;选定盛器,落实盘饰用料及式样;明确菜品特色,包括口味、营养、适宜人群;修正标准菜谱卡;确定菜品的成本、毛利率和售价。

解:

制作爆炒鱿鱼花标准菜谱卡见表4-4。

图 4-11 爆炒鱿鱼花

表 4-4 爆炒鱿鱼花标准菜谱卡

菜品名称			爆炒鱿鱼花	
主料	分量	净料单价/(元/千克)	选料标准	切配标准
净鱿鱼	200 克	62.00	新鲜鱿鱼去头、内脏筋膜	将净鱿鱼平铺在案板上,沿鱿鱼"脊骨"的位置一分为二。用刀从鱿鱼的尾处,也就是大头开始向前切直刀,要切成若干平行的条纹,深度为鱿鱼的四分之三,每刀的间隔在 3 毫米左右。从头处开始切,刀的角度控制在 40°左右,间隔和深度与直刀时一样,第四刀的时候要将鱿鱼切断。以此类推,直至整片鱿鱼切完,然后再切另一半
配料	分量	净料单价/(元/千克)	选料标准	切配标准
水发黑木耳	20 克	36.00	黑木耳拣洗、浸泡	撕小朵
净洋葱	20 克	8.00	洋葱去老皮、根,洗涤	切成排骨片
净椒	20 克	38.00	青红椒去蒂,除籽,洗涤	切成排骨片
净胡萝卜	20 克	12.00	胡萝卜削皮,洗涤	切成排骨片
调味料	分量	单价/(元/千克)	调味料	分量	单价/(元/千克)	调味料	分量	单价/(元/千克)

调味料	分量	单价/(元/千克)	调味料	分量	单价/(元/千克)	调味料	分量	单价/(元/千克)
姜片	3 克	26.60	葱段	3 克	17.50	蒜片	3 克	24.00
食用油	30 克	27.00	盐	3 克	20.00	味精	少许	不计
料酒	5 克	17.00	生抽	5 克	18.00	郫县豆瓣酱	5 克	17.00
糖	少许	不计	汤	10 克	10.00	水淀粉	5 克	11.60

续表

菜品名称	爆炒鱿鱼花	
做前叮嘱	①首先要注意刀得快一点,其次是菜板要平整。②将鲜鱿鱼洗干净。鲜鱿鱼买来一般都呈筒状,我们要用剪刀从不带两翼的一面剪开,使其呈片状。③撕去鱿鱼的两翼,将鱿鱼里面如塑料般白色的东西(鱿鱼的"脊骨")以及内脏去除,然后再将背面的一层超薄的黑紫色的皮去掉。鱿鱼须也要去掉外面的黑紫色的皮,可另作他用。④大火急炒时间不要久	
烹调制作	烹调步骤	
	①余沸水烫定型后过凉。②起锅入油,放入姜片、葱段、蒜片爆香。③加入郫县豆瓣酱、生抽、盐、料酒、水发木耳、青红椒、胡萝卜、洋葱继续翻炒。④放入焯好的鱿鱼花大火爆炒均匀。⑤水淀粉用汤汁勾芡,加入味精盛出即可	
装盘标准	盛器规定	盘饰规定
	十寸方盘	可用少量香菜点缀
菜品特色	口味:鲜香、爽脆、微辣	
	营养:爆炒鱿鱼花是一道营养丰富,做法简单的海鲜菜肴。鱿鱼,也称枪乌贼、柔鱼,营养价值很高,是名贵的海产品。它富含蛋白质、钙、磷、铁等,并含有十分丰富的硒、碘、锰、铜等微量元素,利于骨骼发育和造血,能有效治疗贫血,还含有大量的牛磺酸,可抑制血液中的胆固醇含量,对缓解疲劳、恢复视力、改善肝脏功能都有好处	
	适宜人群:老少皆宜	
成本	爆炒鱿鱼花总成本 ＝0.2×62.00＋0.02×36.00＋0.02×38.00＋0.02×8.00＋0.02×12.00 ＋0.003×26.60＋0.003×17.50＋0.003×24.00＋0.03×27.00＋0.003×20.00 ＋0.005×17.00＋0.005×18.00＋0.005×17.00＋0.01×10.00＋0.005×11.60 ≈15.772 元	
毛利率	50%	售价 31.544 元

相关知识

餐饮成本常用报表

❶ 餐饮成本月报表

餐饮食品成本月核算就是计算一个月内食品销售成本。通常需要为餐饮部门设一个专职核算员,每天营业结束后或第二天早晨对当天或前一天营业收入和各种原料进货、领料的原始记录及时进行盘存清点,做到日清月结,便可计算出月食品成本。

餐饮成本月报表(表 4-5)有两种编制方法,一种是领料单确认成本法,一种是实地盘点法。

表 4-5 餐饮成本月报表

收入项	金额/元	支出项	金额/元
菜品		人工	
酒水		水电气费	
香烟		折旧费	
其他		其他	
总计		总计	
利润			

② 餐饮成本日报表

餐饮成本日报表,见表 4-6。

表 4-6 餐饮成本日报表

餐厅名称	本日数	本月累计数	原料类别	本日		本月累计	
				成本	元	成本	%
			乳品				
			水产				
			肉类				
			粮油				
			珍品				
			干果蜜饯				
			调味				
			家禽				
			其他				
			合计				

成本核算员

  项目小结

本项目介绍了餐饮企业菜点产品成本核算的意义和特点、方法与步骤。餐饮企业菜点的成本核算根据其加工制作特点,可分为先总后分法和先分后总法两种。先总后分法适用于成批生产的产品,如批量生产的点心,计算公式为:本批点心耗用原料总成本＝本批点心主料成本＋本批点心配料成本＋本批点心调味品成本＋本批点心燃料成本;单位产品的平均成本＝$\frac{本批点心耗用原料总成本}{产品数量}$。先分后总法适用于单件生产的产品,如单个出品的菜肴,计算公式为:菜肴单位产品成本＝单位产品主料成本＋单位产品配料成本＋单位产品调味品成本＋单位产品燃料成本。

除上面介绍的餐饮成本的核算方法外,影响餐饮直接成本的还有标准菜谱卡的设计、制作的过程和服务的方法等。它是以菜谱的形式,列出用料配方,规定制作程序,明确装盘形式和盛器规格,指明菜点的质量标准和每份菜点的成本、毛利和销售价格等。

同步测试

扫码看答案

一、填空题

1. 餐饮产品成本核算的意义主要表现在_____、_____、_____。

2. 由于菜点产品的加工制作大致可分为批量生产和单件生产两种类型,因此菜点产品成本的核算方法也相应地分为_____、_____两种。

3. 我们日常吃的点心种类主要包括包类、饺类、糕类、团类、卷类、饼类、酥类、饭类、粥类等,通常是批量生产制作的。因此,可按_____法计算其成本。计算公式为:本批点心耗用原材料总成本＝_____。单位产品成本＝_____。

4. 菜肴品种繁多,一般可分为热菜和冷盘两大类,无论哪一类,都是个别切配、单件制作的。所以要计算每一个菜肴品种的成本,只需把菜肴所耗用的各种原料成本相加即为所求的结果,因此,可按_____法计算其成本。计算公式为:菜肴单位产品成本＝_____。

5. 为了便于控制成本和计算菜品售价,各餐饮企业根据自身经营的特点设计和制定出适合本企业的_____。它在中外先进的厨房管理中都被采用,虽然形式不尽相同,但其作用和内容都是大致相仿的。它既是_____的依据,又是_____的标准。菜谱卡必须精确、全面、规范,内容包括:菜点的主料、配料、调料的名称、质量特点及数量;加工制作步骤;装盘形式和盛器规格;菜点的成本、毛利率和售价等。

6. 某饮食产品用5种原材料制成,其中用A种净料4.5千克,单价3.65元/千克。B种净料100千克,单价0.80元/千克;C种净料2.75千克,单价1.80元/千克;D种净料1.25千克,单价3.60元/千克;E种净料3.28千克,单价5.50元/千克。制成产品25份,问每份产品的成本是_____。

二、实践应用题

1. 制作一批蔓越莓吐司所用原料如下:高筋面粉1000克,单价4.80元/千克;酵母12克,单价80.00元/千克;全蛋液100克,进货单价6.00元/千克,净料率是88%;砂糖190克,单价16.00元/千克;炼奶100克,单价45.00元/千克;奶粉30克,单价150.00元/千克;盐10克,单价4.00元/千克;改良剂3克,单价58.00元/千克;奶油110克,单价45.00元/千克;蔓越莓丁165克,单价

55.00元/千克,燃料3元。烘焙后得吐司8个。试求蔓越莓吐司总成本是多少?每件的成本又是多少?

2. 调查(或制作)并计算一份"宫保鸡丁"所需要的原材料及其成本,设计"宫保鸡丁标准菜谱卡"。要求:确定主料和配料原料名称及数量;明确菜肴的特点及质量标准;明确调味料品种,试验确定每份用量;明确菜点的加工制作步骤及要求;选定盛器,落实盘饰用料及式样;明确菜品特色,包括口味、营养、适宜人群;修正标准菜谱卡;确定菜肴的成本、毛利率和售价。

项目五

餐饮产品销售价格核算

项目描述

扫码看课件

　　本项目有三个任务。第一个任务要求掌握价格及餐饮产品价格的实质及构成,阐述了餐饮产品价格受哪些方面因素的影响,制订餐饮产品价格的意义及原则。第二个任务要求掌握餐饮产品销售毛利率和成本毛利率计算的方法及两者间的换算关系。第三个任务要求掌握餐饮产品定价的方法和售价的核算。

项目目标

　　本项目主要介绍餐饮产品销售价格的构成和餐饮产品销售价格的计算,让学生学会科学地制订饮食产品销售计划,采用合理有效的市场营销方法,合理确定餐饮产品的价格,为餐饮企业的销售决策提供依据。

任务一　餐饮产品的价格及构成

建议课时:2课时

任务描述

　　要求掌握价格及餐饮产品价格的实质及构成,阐述了餐饮产品价格受哪些方面因素的影响,制定餐饮产品价格的意义及原则。

任务导入

　　小李和几位朋友相约周末聚餐,去哪个酒店吃呢?小李提议去春江饭店,那里交通方便,饭菜口味不错,分量足,菜价不高,比较实惠。小王认为春江饭店服务太差,人多嘈杂,提议去皇宫大酒店,难得聚会一次,皇宫大酒店装修档次高,服务一流,饭菜好吃但价格较高,还要收服务费。小刘建议去小城故事餐厅,那儿环境优雅,味道正宗,价格适中,服务也好。大家通过一番商量,选择了小城故事餐厅。

> 任务目标

1. 通过对价格的认识,了解餐饮产品的价格构成。
2. 理解影响餐饮产品价格的因素及餐饮产品定价的基本原则。
3. 认识制定餐饮产品价格的意义。

一、价格的含义

从经济的角度看,所谓价格,就是商品价值的货币表现。而餐饮产品的价格,就是餐饮企业所销售商品的价值的货币表现,也就是各种类型的餐饮企业所出售的菜点、酒水等一切餐饮商品的价格。

二、餐饮产品价格的构成要素

（一）理论价格构成

餐饮产品的价值包括三个部分。一是生产资料的价值,包括生产和销售餐饮产品所消耗的食品原料、建筑物、设备、餐饮器具、水电、燃料等的价值。二是劳动力的价值,也就是劳动报酬,包括为劳动者支付的工资、福利、奖金等。三是剩余价值,也就是税金和利润。

（二）实际价格构成

餐饮产品的价格是由产品成本、营业费用、税金及利润四个部分构成(图 5-1)。

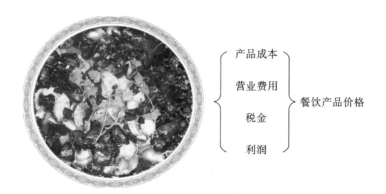

图 5-1　价格的构成

❶ 产品成本

产品成本是指该产品所耗用的原料成本,即主料成本、辅料成本、调味品成本及燃料成本。

❷ 营业费用

营业费用包括经营中的各项开支,如水电费、燃料费、房租、运输费、折旧费、修缮费、家具用具摊销费、办公费、职工工资奖金等。

❸ 税金

在营改增之前,税金要素主要指的是营业税;营改增之后,营业税由增值税所替代,税金要素中所包含的内容也发生了变化。在进行具体计算时,应注意增值税属于价外税,顾客或消费者所看到的餐饮产品的价格,基本上是价税合一的价格。此价格虽表面上含有增值税,但实际计税时,却采用不含税的销售额来计算。这里的税金实质上是指以增值税和消费税为基础所计算的维护城市建设税、教育费附加和地方教育附加及其他税(由于之前的营业税是价内税,而营改增之后增值税属于价外税,在进行计算时一定不要受以往营业税性质的影响,以免产生误解)。

❹ 利润

利润是指营业收入扣除产品成本、营业费用和税金以后的余额,是反映企业经营成果好坏的指标。因此餐饮产品价格构成公式可表示为:

$$餐饮产品价格＝产品成本＋营业费用＋税金＋利润$$

餐饮产品价格扣除产品成本后的剩余部分一般称为毛利,也就是价格中营业费用、税金和利润三个部分构成了价格的毛利,而产品成本主要是食品原材料成本,因此餐饮产品价格公式也可表示为:

$$餐饮产品价格＝产品成本＋毛利$$

【例 5-1】 京华大酒店中餐厅 10 月份的经营情况如下:

- 营业收入 580000.00 元;
- 产品成本 310000.00 元;
- 生产经营费用 144000.00 元;
- 税额 34800.00 元。

试求该餐厅 10 月份的毛利和利润。

解:

计算毛利:

$$毛利＝营业收入－产品成本$$
$$＝580000.00－310000.00＝270000.00(元)$$

计算利润:

$$利润＝毛利－生产经营费用－税额$$
$$＝270000.00－144000.00－34800.00＝91200.00(元)$$

答:该餐厅 10 月份的毛利为 270000.00 元,利润为 91200.00 元。

三、餐饮产品价格的影响因素

由于价格由食品原料成本、营业费用、税金、利润构成,相应价格的高低受到食品原料成本、期间营业费用水平及企业目标利润等企业内部因素的影响。其中食品原料成本是价格的重要决定因素,因为它是构成产品价值的主要组成部分,是影响价格的最基本、最直接的因素。

价格的高低还受餐饮产品的质量、就餐环境、就餐时间、服务水平、地理位置、客人类型、市场需求、竞争状况及通货膨胀、物价指数等的影响。

四、制定餐饮产品价格的意义

价格的确定往往是餐饮企业管理者最难做出的决策之一。究其原因是,价格制定过高,客流量就会降低,使营业收入减少;反之价格制定过低,客流量会增加,但营业收入无法满足企业运营成本。因此价格的制定对企业的整体经营运转具有重要的意义。

(一)从微观角度讲,价格决定着餐饮企业的盈利水平

餐饮产品的价格是由原料的成本、费用、税金和利润四部分构成。在成本、费用、税金一定的情况下,企业盈利多少就取决于定价的高低。而餐饮产品价格制定的高与低或科学合理与否,取决于餐饮企业成本和费用控制管理水平,最终取决于餐饮企业运营与管理的水平。

(二)从微观角度讲,价格决定着餐饮企业的竞争力

价格是消费的杠杆,如今餐饮企业的竞争越来越激烈,价格的确定是提高竞争力、吸引客源的一项重要竞争手段。同时,价格也为餐饮企业降低成本费用,提高企业管理水平起到了重要的作用。

(三)从微观角度讲,价格反映着餐饮企业的定位

餐饮企业经营的成功与否,在很大程度上取决于定价的合理性,而餐饮产品价格定位的高低代表着企业经营的价值取向。具体来讲就是营销者将产品、服务的价格定在一个什么样的水平上,要向广大消费者提供怎样一个产品和服务。这与企业所拥有的市场地位、经营方针、未来发展方向有着密切的联系。

(四)从宏观角度讲,价格帮助各级政府对餐饮市场进行宏观调控

一方面,餐饮产品的价格调节着餐饮市场的供求关系;另一方面,价格是规范企业行为、维护餐饮市场秩序的重要手段之一。

五、餐饮产品价格确定的原则

(一)按质论价,优劣分档

餐饮企业的类型、等级各不相同,餐饮产品的风味及花色品种较多,加工方式也各有不同,餐厅服务、就餐环境及设施设备条件差异较大,相应的餐饮产品的价值和产品质量有较大区别。餐饮产品的价格应该以其价值为依据,按照产品质量优劣,分别制定不同的价格,即在确定产品和服务价值的基础上,按质量实行分等定价,优质优价、次质次价、同质同价。制作程序复杂、技术水平高的,价格就可以高些;就餐环境优良、服务优质、设施设备好的,价格就可以高些。

(二)价格要符合市场定位,适应市场需求

餐饮产品价格的确定除了要反映产品的价值外,还要综合考虑餐饮企业的市场定位,适应市场需求的变化。餐饮企业要根据目标客人、餐厅规模档次、淡旺季、物价水平等的不同进行市场划分,分别设计不同的产品,提供不同的服务,制定不同的价格。如:旺季的价格就可以比淡季高一些;高档次餐厅的接待对象往往是消费层次高的客人,他们追求的是高档的物质享受和精神享受,餐厅不

仅要满足客人对饮食的需要,还需要提供更高品质的服务,营造高雅的用餐环境,给客人提供用餐之外的附加体验,其产品定价就可以高些。这样才能使价格的制定适应市场需要。

（三）价格既要有一定的灵活性,又要相对稳定

餐饮产品的价格不是一成不变的,应该根据供求关系的变化而适当地灵活定价。例如,针对一些季节性变化较大的产品制定出季节价、针对节假日推出的优惠价,使产品的价格根据市场需求而变化,以增加销售,提高经济效益。餐饮产品的价格又要相对稳定,如果价格的变动过于频繁,会给消费者带来心理上的压力和不信任感,挫伤消费者的购买积极性,会导致客人流失。因此,餐饮产品的价格应该在一段时间内保持相对稳定,即使有变动,也不宜幅度过大,一般不超过10%,或者采取积分、送券等形式。

（四）遵从国家政策,接受物价部门的监督和检查

餐饮企业应该按照国家的物价政策制定餐饮产品的价格,在国家政策规定的范围内确定餐厅的毛利率。要贯彻按质分等论价、时菜时价的原则,以合理的食品原材料成本、费用和税金,加合理利润的原则来制定,并且接受当地物价部门的监督和检查。

相关知识

餐饮行业需要缴纳的税款主要有以下几类。

1 增值税

营改增后,营业税由增值税替代,餐饮业小规模纳税人增值税税率为3%,餐饮业一般纳税人增值税税率为6%（自2018年1月1日至2020年12月31日,对月销售额不超过3万元（按季纳税9万元）的增值税小规模纳税人,免征增值税）。

2 城市维护建设税

应纳税额为实际缴纳增值税额的7%。

3 教育费附加

应纳税额为实际缴纳增值税额的3%。

4 地方教育费附加

应纳税额为实际缴纳增值税额的2%。

5 企业所得税

应纳税额为企业应纳税所得额的25%,小型微利企业的企业所得税的税率为20%。

任务二　餐饮产品销售毛利率和成本毛利率

建议课时:3课时

任务描述

掌握餐饮产品销售毛利率和成本毛利率计算的方法及两者间的换算关系。

任务导入

毛利一是控制饮食产品价格的手段,酒店为了经营上的需要,保持酒店的档次并保证合理的利润,通常是通过制定毛利率来控制食品的价格。二是制定食品菜肴价格的依据。各个经营食品菜肴的餐厅,在经营中不仅品种多,而且新的品种还不断增加,再加上市场上食品原料的价格也是经常变化的。尤其是有些季节性原料,价格波动很大。因此餐厅必须经常调整或制定新的销售价格。制定价格的依据,一个是经营食品菜肴的原料消耗,另一个是毛利率,两者缺一不可。这就是我们将要研究学习的成本毛利率和销售毛利率。

任务目标

1. 了解毛利及毛利率的含义及计算。
2. 理解影响毛利率的因素。
3. 熟练掌握成本毛利率与销售毛利率之间的换算。

一、毛利率的含义

餐饮业的经营特点决定了加工制作产品的费用很难按每一种产品来计算,为了解决营业费用难以直接计算的问题,可把营业费用与税金及利润合并,称为毛利。毛利的作用是补偿企业费用的支出,为国家和企业合理积累资金。餐饮直接成本的高低取决于食品成本率的高低,而食品成本率的高低又取决于毛利率的高低,因此影响毛利率高低的因素成为关键因素。

饮食产品的销售价格由产品成本和毛利两部分构成,毛利的大小会影响销售价格的变化。毛利与销售价格、产品成本之间的比例关系即毛利率。其中,毛利与食品原料成本的比率称为成本毛利率,或称成本加成率、外加毛利率;毛利与销售收入的比率称为销售毛利率,或称内扣毛利率。公式为:

$$成本毛利率 = (销售收入 - 产品成本) \div 产品成本 \times 100\%$$

$$销售毛利率 = \frac{销售收入 - 产品成本}{销售收入} \times 100\% = 1 - \frac{产品成本}{销售收入} \times 100\% = 1 - 成本率$$

【例 5-2】 某饭店一盘"油爆双脆"(图 5-2)的原材料成本是 12.00 元。若该菜肴的销售价格为 20.00 元,请问该菜肴的成本毛利率是多少?销售毛利率又是多少?

解:

首先应计算出该菜肴的毛利,即:

$$毛利 = 产品销售价格 - 产品成本$$
$$= 20.00 - 12.00 = 8.00(元)$$

根据公式:

$$成本毛利率 = \frac{产品毛利}{产品成本} \times 100\% = \frac{8.00}{12.00} \times 100\% \approx 67\%$$

图 5-2 油爆双脆

$$销售毛利率=\frac{产品毛利}{产品销售收入}\times 100\%=\frac{8.00}{20.00}\times 100\%=40\%$$

答：该菜肴的成本毛利率是 67%，销售毛利率是 40%。

餐饮业采用的毛利率是国家物价主管部门确定的，是根据市场供求情况以及企业产品的特点规定的毛利与销售价格之间的比值。主管部门规定的毛利率一般是销售毛利率，它给定一个范围，称为毛利率幅度。规定毛利率幅度，既可以保证企业有一定的盈利，又可将企业的盈利限制在一定范围以内。这是国家对餐饮业实施的一种调控手段。在目前的市场经济中，这种调控方法显得更加重要。

餐饮业在整个成本核算和成本管理过程中，除了毛利率这个主要指标外，还有许多类似的相关指标。例如，费用率就是指营业费用与销售价格（或营业收入）的比率，税率就是指税金与营业收入的比率，经营利润率就是指经营利润与营业收入的比率，成本利润率是指经营利润与营业收入的比率，成本率就是指成本与营业收入的比率。

【例 5-3】 某饭店一季度营业额为 246000.00 元，原料成本耗用共计 124000.00 元，营业费用共 68600.00 元，税金为 12300.00 元。请问该饭店一季度的成本利润率是多少？销售利润率又是多少？

解：产品利润＝营业额－原料成本－营业费用－税金

＝246000.00－124000.00－68600.00－12300.00＝41100.00（元）

根据公式：

$$成本利润率=\frac{产品利润}{产品成本}\times 100\%=\frac{41100}{124000}\approx 33.1\%$$

$$销售利润率=\frac{产品利润}{产品销售价格}\times 100\%=\frac{41100}{246000}\approx 16.7\%$$

答：该饭店一季度的成本利润率是 33.1%，销售利润率是 16.7%。

二、确定毛利率高低的依据

餐饮企业要按国家物价主管部门规定的毛利率，并根据"按质论价、优质优价、时菜时价"的定价原则和本企业的经营服务特点，逐一确定经营品种的具体毛利率。由于菜点质量要求不同，制作方法差异很大,使得投入的人力和原材料以外的物力消耗多少不一,为了合理地计算出具体产品的销售价格,应按价值规律,在一定毛利率范围之内,确定毛利率的数值。

企业确定各个产品的具体毛利率时,还必须根据本企业的实际,充分考虑以下几个方面的因素:

(1)用料精致的、货源较缺乏的、加工制作过程复杂的菜点,毛利率要高些;原材料质地一般、货源充足的日常大众化食品,毛利率可以适当低些。

(2)单位成本低、销售量不大而劳动量较大的品种,毛利率可适当高些;高成本的菜点,毛利率可略降低一些。

(3)筵席和富有特色的名菜、名点的毛利率要比一般菜点的毛利率高些。

(4)时鲜节令食品,毛利率可适当高些,而大路货,毛利率可低些。

(5)技术力量强、设备设施条件好、服务项目全面、档次等级较高的餐饮企业,毛利率要比一般餐饮企业高。毛利率的确定体现着国家的价格政策,在确定每种产品的毛利率时,除必须对每个有关项目进行认真测算外,还要履行申报审批手续,由上级主管部门审批。产品毛利率一经批准,就要严格执行。因原材料、能源等价格变动而需要调整毛利率和价格时,仍要报请上级有关主管部门审核批准。

餐饮业一般将大众化产品的毛利率定在 35%～40%之间,将热炒、冷菜的毛利率定在 40%～50%之间,将特色风味菜肴和高档筵席定在 50%～60%之间。事实上毛利率的确定,还要根据餐饮企业的经营规模、条件、特点、客源量来调节。宾馆、饭店的装饰条件和服务设施的差异也是制定毛利率的依据,那些环境优雅、装修富丽堂皇、服务设施齐备、服务功能齐全的星级宾馆、饭店,经营费用大,毛利率必须定得高些,其综合毛利率可控制在 50%～55%之间;中档宾馆、饭店,服务设施和服务功能不及星级宾馆、饭店,经营费用相对少些,毛利率可定得低些,综合毛利率可控制在 45%～50%之间;一般饭店或大排档,经营费用较少,综合毛利率应定得低些,做到薄利多销,可控制在 40%～45%之间。同时,还要考虑到刚开张的饭店,应采取让利经营策略,把毛利率降低些,随着生意的起步红火,通过市场调查,毛利率可以适当上调。但餐饮价格也不宜频繁变动,要有相对的稳定性,否则,会失去消费者的信任,挫伤消费者的积极性。

三、销售毛利率与成本率的关系

销售毛利率是毛利与销售收入之比,而成本率则是餐饮产品成本与销售收入之比,这两者的共同之处就是对比的标准是相同的。依据前面内容的推导分析,我们可以得出以下结论:

销售毛利率+成本率=毛利/销售收入+餐饮产品成本/销售收入=1,也就是成本率和销售毛利率之和为 100%。例如,餐饮产品的成本率为 40%,那么它的销售毛利率为 60%。

即: 成本率+销售毛利率=1=100%

四、销售毛利率与成本毛利率的关系

实际的餐饮产品销售工作中,由于销售毛利率是以销售额为基数计算的,相比成本毛利率更符

合财务核算与分析习惯,并且销售毛利率能够清晰地反映毛利额占销售额的比重,因此销售毛利率使用更广泛,但销售毛利率和成本毛利率之间存在一定的比例关系(表 5-1),两种利率间也可通过公式进行转换,其公式为:

$$成本毛利率 = \frac{销售毛利率}{1-销售毛利率}$$

$$销售毛利率 = \frac{成本毛利率}{1+成本毛利率}$$

表 5-1　餐饮产品销售毛利率、成本毛利率对照表

销售毛利率/(%)	成本毛利率/(%)	销售毛利率/(%)	成本毛利率/(%)
21	26.6	36	56.3
22	28.2	37	58.7
23	29.9	38	61.3
24	31.6	39	63.9
25	33.3	40	66.7
26	35.1	41	69.5
27	37.0	42	72.4
28	38.9	43	75.4
29	40.8	44	78.6
30	42.9	45	81.8
31	44.9	46	85.2
32	47.1	47	88.7
33	49.3	48	92.3
34	51.5	49	96.1
35	53.8	50	100.0

【例 5-4】　销售毛利率为 60%,则成本毛利率=60%÷(1−60%)=150%

反之,已知成本毛利率 100%,则销售毛利率=100%÷(1+100%)=50%

▶ 相关知识

如何有效控制餐饮毛利率

有效控制菜肴毛利率的前提如下:其一,要了解市场动态,如现酒店周边具有竞争力对手的实力情况、营销思路、产品质量、客源市场等方面,学会分析市场与分析自己,根据自身的实力情况与经营

方针确定自己正确的市场定位。其二,充分了解与利用地域特色原料,了解并掌握原料市场。从价格体系、进货、验货到库存量的灵活运用,下脚原料的合理使用及掌控厨房的整体毛利是作为总厨的必备条件。

但是,厨房毛利率的控制需通过方方面面的成本控制的配合来进行,如原料的进货价格与进货流程、原料的进货质量、生产操作流程的把控、成本与毛利分析、管理人员对于生产管理工作的责任心与能力等。

❶ 原料的进货价格与进货流程

首先是随季节的变化了解市场原料的动态,包括价格走势,继而要让员工了解原料成本,形成规范的管理方法;原料的进货要考虑从原料的价格幅度的升降、宾客的就餐标准与要求、餐饮菜肴的毛利控制要求、菜肴菜系的特色体现、原料的库存情况与特殊原料的使用频率、原料的季节时令性等方面来下单采购;下单人员由厨房各班组负责人根据当天原料的库存、使用情况与次日或预订情况来合理下单,下单后由行政总厨统一把关,对于采购单进行审核。

❷ 原料的进货质量

对于采购部门采购的原料,在验收人员的验收下,厨房可以根据原料的验收情况(由于验收人员并不一定专业,也不一定了解厨房所需的原料质量要求),采取一定的方式来配合采购验收。例如,前期厨房可以根据所需原料的规格质量要求拍照,将照片上墙作为标准来收货;再如,厨房可以排好验收排班表,利用基层管理人员每天进行轮流式配合验收,一方面使基层管理人员不断了解原料的质量、价格,另一方面可以对于当天的原料到位情况跟踪并向总厨做好情况工作汇报,也就是说我们要制定严格规范的制度来控制采购成本。

❸ 生产操作流程的把控

原料通过验收进入厨房后,大部分酒店统一由管事组员工来清洗。当天进入的蔬菜原料管事部门经理必须安排好人手每天进行蔬菜农药测试,对于高度残留农药的蔬菜等原料发现后应及时进行退货处理,一方面以避免造成食品卫生安全事故,给宾客带来痛苦与不良影响,另一方面避免影响酒店品牌。在清洗原料过程中,合理进行把控,还可以控制浪费现象;经过清洗后的原料,在初加工或切配中还会产生边脚原料,同样,我们也可以将一些边脚原料用来做菜肴的创新与再次使用;切配过程中,根据要求,按原料切配的标准数量来进行合理配菜。

❹ 成本与毛利分析

首先对于酒店餐饮零点菜单制定菜肴原料成本卡(包括主料和辅料成本、调味料成本),对于制定的原料成本及数量进行严格把关;配合财务部门每月月底对餐饮厨房的盘存要了如指掌,对于库存的积压要有明确的思路与计划;对于每月末或月初财务部门对餐饮成本的分析积极参加,并且根据库存情况在平时工作中时常关注库存动态(要注意与上月或去年同期相比较),合理有效地安排库存原料从而控制菜肴的成本与毛利率;库存的月资金积压要与管理人员的效益奖金挂钩从而提高管理工作的积极性。

❺ **管理人员对于生产管理工作的责任心与能力**

厨房的人员配备和管理是否恰当是一家酒店是否成功的重要条件之一。因此关系到生产的形式和完成生产任务的能力,并直接关系到厨房的工作效率、产品质量、职权的履行与最重要的餐饮毛利率控制。管理人员的组织是厨房管理的核心,是生产操作流程的网络。厨房管理的重要任务是建立完整严密的管理制度,进行合理的生产分工,使每一位员工明确各岗位的职责和任务。在厨房生产管理的运转中,人是最重要的因素。要创一流的餐饮水平,获得理想的社会效益和经济效益,就必须坚持"以人为本"的中心管理思想。因为人力资源直接决定着酒店餐饮的品牌与经营的毛利。

任务三 餐饮产品价格核算的方法

任务描述

掌握餐饮产品定价的方法和售价的核算,为企业销售决策提供依据。

任务导入

记得曾经有位学生给我讲过这样一个故事:他以前逛菜市场,看到每天有许多小贩卖青菜,忙忙碌碌甚是辛苦,通过多次的观察与探访,他发现了一个很有趣的现象。

这些小贩每天起得很早就到蔬菜批发市场进货,然后贩运到一些小的市场上进行贩卖。早上青菜水灵鲜嫩,价格定得比较高;到了中午青菜的价格便有所降低,因为菜品的品质不如清晨那么水灵了;到了下午或晚上基本上就是论堆卖。看到此种现象自己便不解地询问家里人,经过家人的一番解释,他终于明白了其中的道理。原来清晨刚进来的青菜水灵鲜嫩,品质好,自然价格定位就高,到了中午,青菜的品质有所下降,自然价格也就定得低一些,而到下午或晚上论堆卖,是因为青菜经过一天的风吹日晒,自然夕不如朝,要论堆卖。细细想来,这中间既反映了青菜价格与其成本及品质的关系,也反映了定价过程中的策略问题。

任务目标

1. 理解和认识主观定价法的有关内容。
2. 掌握客观定价法的方法及计算。

餐饮企业对饮食产品的定价方法很多,可以成本为中心,也可以利润为中心,还可以竞争为中心。餐饮企业在定价时需要根据定价目标的不同,结合企业的实际情况,选择适合的定价方法。虽然饮食产品价格的确定方法有多种,但是我们可以归纳总结为两大类的定价方法,即主观定价法和客观定价法。

一、主观定价法

主观定价法往往是基于从业人员主观设想或依据客人的消费需求来确定价格,不能很好地将成本与利润联系起来,不能满足获得利润的要求,甚至可能连收回成本都不能满足。主观定价法是一种传统的方法,此方法要求从业人员具有极强的经验。一般情况下,在从业人员对有关成本和利润的信息了解不够或是对更加客观可行的定价方法不熟悉的情况下应用。

（一）主观定价法应采取的原则

❶ 基于价值

也就是价格不是随着需求变化而变化,而是基于价值是否发生变化而变化。

❷ 积极主动

也就是当宏观环境变化了,又或者出现新的替代性竞争对手的话,可以积极主动采取降价策略,或者设立客户忠诚计划来掌握主动权。

❸ 利润驱动

坚持最基本的利润驱动原则,有时在竞争中是要放弃市场份额,但要坚持利润。

❹ 基于现有同类产品线制订价格策略

通常来说,这些产品具有相似的应用,或者针对的是同一个目标市场,或者采用的是同一个市场策略,因此,定价的时候,我们可以借鉴同类产品的价格策略来定价。

❺ 基于竞争产品来制订价格策略

这是很多新产品最习惯采用的一种价格制订策略思路。这样做的原因很简单,看看竞争对手的同类产品都是什么价格,然后来制定自己新产品的价格。竞争对手的价格策略已经在市场上经过了一段时间的考验,这对于企业来说,就意味着市场至少目前是接受了这样的价格,所以,我们在定价策略上失败的风险就大大降低了。这样的定价策略尤其适合采用"跟随"别家,别人怎么定价,我们就采取跟随的策略,或者比他们高一点,或者比他们低一些,这样风险小。

❻ 根据目标消费者对产品价值点的关注,来制订价格策略

我们在为全新的产品制订价格策略时,要充分依照消费者的价值关注点来制订。

（二）主观定价的方法

❶ 合理定价法

从业人员以客人愿意为该道菜支付的价格去定价,这种方法是站在客人的角度来定价。

❷ 最高定价法

从业人员设定他们认为客人愿意支付的最高价格,然后再将价格降低到能够实现的利润水平。这种方法为从业人员的判断留出余地,先以认定客人愿意支付的最高价作为售价,然后再适度调低价格。

❸ 低价诱导法

对一些饮食产品制定非常低的价格,以此吸引客人前来就餐,然后通过客人的其他消费来实现

企业的盈利。

❹ 直觉定价法

从业人员仅凭直觉来确定价格,用这种方法来定价比较轻率,通常会设定两个价格。这个价格不用事先判断客人普遍接受的价位是多少。

二、客观定价法

客观定价法以企业的经营数据为基础,采用一定的科学方法,将企业的预算转化为产品售价,使售价与经营预算相结合。

我们通常采用的客观定价法是以成本为中心,结合企业期望获得的利润进行定价,主要是毛利率定价法。

(一) 销售毛利率法

销售毛利率法又称内扣毛利率法,是根据餐饮产品的成本和销售毛利率来计算产品价格的方法。

餐饮产品价格＝产品成本÷(1－销售毛利率)

采用这种方法制定餐饮产品的价格,可以让管理者清楚地看出毛利在销售额中所占的比例。

【例5-5】 制作鱼香肉丝(图5-3),需用净肉200克,已知猪肉的净料率是80%,猪肉进价为每千克20.00元;用干木耳10克,涨发率500%,湿木耳每千克10.00元;冬笋1.70元,调料1.20元,燃料0.60元,销售毛利率为40%。该菜肴的销售价格是多少?

图5-3 鱼香肉丝

解:
$$毛料重量＝200÷80\%＝250(克)$$
$$主料的价值＝250÷1000×20.00＝5.00(元)$$
$$辅料木耳价值＝10÷1000×500\%×10.00＝0.50(元)$$
$$冬笋价值＝1.70(元)$$
$$调味品价值＝1.20(元)$$
$$燃料价值＝0.60(元)$$
$$产品耗用成本＝5.00＋0.50＋1.70＋1.20＋0.60＝9.00(元)$$
$$该产品的销售价格＝9.00÷(1－40\%)＝15.00(元)$$

答:每盘鱼香肉丝售价为15.00元。

(二)成本毛利率法

成本毛利率法又称外加毛利率法或成本加成率法,是根据餐饮产品的成本和成本毛利率计算的一种方法。

$$餐饮产品价格＝产品成本×(1＋成本毛利率)$$

【例5-6】 某饭店制作的"花菇凤翅"(图5-4)耗用鸡翅750克,其进货单价为22.00元/千克,花菇50克,进货单价为60.00元/千克,料酒、生抽、蚝油、盐、味精、燃料等成本约为0.60元,成本毛利率确定为85%。该菜肴的销售价格是多少?

图5-4 花菇凤翅

解：

$$鸡翅总值＝0.75×22.00＝16.50(元)$$
$$花菇总值＝0.05×60.00＝3.00(元)$$
$$调味品及燃料成本＝0.60(元)$$
$$花菇凤翅产品耗用成本＝16.50＋3.00＋0.60$$
$$＝20.10(元)$$
$$该菜肴的销售价格＝20.10×(1＋85\%)$$
$$＝37.185(元)$$

答:该菜肴的销售价格是37.185元。

 相关知识

饮食产品的定价策略

❶ 菜肴定价技巧一:平价策略

平价策略就是我们的常规方式,主要针对消费者点单率高的产品,这种方式的市场参考是重点,此种策略运用"同等价格比质量",也就是说保证此类产品的进购质量和加工保管,质量是工作重点,毕竟菜品系列的大部分都是此类,它们是菜品系列的基石,是保证。

❷ 菜肴定价技巧二:奇零定价策略

消费心理学研究表明,顾客消费时,往往会产生一种心理错觉:

1. 认为单数比双数小:7<8。
2. 认为带有小数点的数比整数小:7.9<8。
3. 认为带小数点的是经过精心计算后确定的,如"10 元"产品定价为"9.98","100 元"定价为"99 元"等。

此项策略在超市的体现极为突出,是超市定价的首选策略,我们在顾客熟悉的菜品(锅底)进行特价定价的时候可选此策略。

❸ **菜肴定价技巧三:整数定价策略**

整数定价策略则与奇零定价策略相反,此项技巧最适合于招牌产品(即品牌食品),而在推出顾客不了解的菜品和新品种时也适用此项策略。

运用此项整数定价策略有 3 条好处:一是宣价方便;二是买卖方便,不需找零,顾客觉得方便;三是可提高此菜品的知名度和消费印象,便于推广。

❹ **菜肴定价技巧四:尾数定价策略**

此种策略是运用尾数上的差别使顾客产生不同的心理影响,20 元与 25 元通常不认为有太大差别,但 19 元和 20 元在顾客看来差别就突出了,因为顾客喜欢比平常便宜的产品,一旦有机会碰到比别家便宜的同样产品就有一种兴奋感和胜利感,有很好的带动作用,这是做营销的依据初衷。

营销的实施本身就是一个系统,"打折、送礼品"的操作方式现已难以带来良好的效果,把握消费者的心理仅仅是第一步,有针对性地运用技巧才是销售的保障。

项目小结

本项目主要介绍餐饮产品销售价格的构成和餐饮产品销售价格的计算,让学生熟练掌握饮食产品价格的核算,合理确定餐饮产品价格。这是餐饮企业销售决策的依据,有利于企业销售成本的控制。

同步测试

一、思考题

1. 什么是餐饮产品价格?
2. 餐饮产品价格由什么构成?
3. 餐饮产品价格的影响因素有哪些?
4. 销售毛利率、成本毛利率的含义是什么?
5. 确定毛利高低的依据有哪些?
6. 销售毛利率和成本毛利率有何关系?
7. 餐饮产品价格核算的两个公式是什么?

二、计算题

1. 某菜品的成本毛利率为 85%,在成品成本不变的条件下,其销售毛利率是多少?

扫码看答案

2. 某饭店中餐厅销售清蒸鲥鱼和松鼠鳜鱼,进价成本分别为 11.5 元/千克和 18.6 元/千克,净料率为 82% 和 78%,菜品用料量为 0.75 千克,两种菜肴的配料成本分别为 0.8 元和 1.2 元,调料成本分别为 0.5 元和 0.7 元,燃料成本分别为 0.5 元和 1.2 元,销售毛利率分别为 52% 和 68%,请分别确定两种产品的销售价格。

3. 某饭店零点餐厅销售叉烧仔鸡。菜品主料用公鸡 1.5 千克,进价 8.4 元/千克,经加工处理后,下脚料折价 0.8 元,配料成本 2.8 元,调料成本 2.4 元,燃料成本为 1.2 元,成本毛利率 85.6%,请确定叉烧仔鸡的盘菜价格。

4. 以习题 2 中的清蒸鲥鱼和习题 3 中的叉烧仔鸡为例,清蒸鲥鱼的销售毛利率换算成本毛利率和叉烧仔鸡的成本毛利率换算成销售毛利率是多少?

5. 制作鱼香肉丝,需用净肉 200 克,已知肉的净料率是 80%,进价每公斤 20 元,用干木耳 10 克,涨发率 500%,湿木耳每公斤 10 元,冬笋 1.7 元,调料 1.2 元,燃料为 0.8 元。已知菜品售价 14.5 元,求成本毛利率是多少?

6. 肉丝炒蒜苗的成本为每份 5.5 元,若按销售毛利率 36% 计算,求每份肉丝炒蒜苗的销售价格是多少?

7. 已知点心一打(12 个)牛角酥的销售价格为 32 元,成本毛利率为 80%,求一打牛角酥的成本是多少?

8. 葱爆肉丝每份售价 13 元,销售毛利率为 45%,求每份葱爆肉丝的成本是多少?

9. 某饭店制作清炒虾仁,每份成本 17.3 元,若成本毛利率为 85%,求每份菜点的售价是多少?

10. 土豆烧牛肉一份,销售价格是 36 元,成本毛利率为 60%,求该菜成本是多少?

项目六

筵席成本和销售价格的核算

扫码看课件

项目描述

筵席是人们为了一定的社交目的和需要,按照一定的规格、质量和程序而精心编制组合起来的一整套菜点。筵席的特点是客人能得到充分的美食享受,菜点毛利率标准高,是餐饮经营的最高档次,也是餐饮企业经营利润的主要来源。因此,了解筵席基本知识,掌握筵席成本和销售价格的核算方法,是饮食业成本核算的重要内容。

项目目标

了解筵席基本知识,掌握筵席成本和销售价格的核算方法,能够解决有关筵席成本和销售价格核算的实际问题。

任务一 筵席概述

建议课时:1课时

任务描述

筵席的概念与特征,筵席的档次与种类,以及筵席菜肴的内容与构成比例,是本节学习的主要内容。

任务导入

筵席的由来

宴为平安、悠闲之意,宴会是人们因习俗或社交礼仪需要而举行的宴饮聚会。古代宴会,人们席地而坐,"筵"和"席"都是铺在地上的坐具,铺在地上的叫"筵",铺在"筵"上供人坐的叫"席"。古时人们往往饮食时将筵铺在地面,且筵上有席,进餐中大家坐在筵席之上,酒食菜肴自然地置于筵席之间,故将宴会上的一整套菜点称为筵席(图6-1)。这种形式发展到后来,筵席就成了宴饮聚会活动的代名词。现在,筵席与宴席通用。

图 6-1 古代筵席

> **任务目标**

了解筵席的概念与特征、筵席的档次与种类，掌握筵席菜肴的内容与构成比例，能够根据要求，开列不同档次的筵席菜单。

一、筵席的概念与特征

（一）筵席的概念

筵席又称宴席、酒席、酒宴。从形式上看，是人们为了一定的社交目的和需要，有多人参与聚餐的一种饮食形式；从内容上看，是按照一定的规格、质量和程序而精心编制组合起来的一整套菜点。

（二）筵席的特征

筵席有别于普通的便菜便饭，规格化、聚餐式和社交性是筵席的三个鲜明特征。

❶ 规格化

规格化是指筵席菜组成的内容。筵席不同于便餐，十分强调档次和规格化，它要求菜品配套成龙，制作精美，调配均衡，食具雅致，仪程井然且服务周到热情。整个席面的冷菜、热炒、大菜、甜菜、点心、水果、汤品必须按一定的质量和比例进行搭配，做到分类组合，前后衔接，形成某种格局和规程（图 6-2）。为了烘托席面气氛，往往以造型优美、主题明确的工艺菜穿插其中。选用时，应选择时令菜肴和地方名菜、名点，以突出席面的特点和风味。与此同时，在宴会场景装饰上，在宴会节奏掌握上，在接待人员选择上，在服务程序配合上都要考虑周全，使宴饮始终保持祥和、欢庆、轻松的格调，给人以美的享受。

❷ 聚餐式

聚餐式是筵席的基本形式。中国筵席自古以来是多人围坐在一起，吃喝中亲密交谈，气氛欢快

图6-2 整套筵席

(图6-3)。传统筵席以圆桌居多,一桌通常有八人、十人或十二人,团团圆圆,相互敬酒上菜,体现出中国人热忱、好客、谦和的美德,也反映出浓厚的凝聚力。宴会上有主宾之分,宴饮一般都是围绕主宾进行。主人以丰盛的菜点、热情的接待、浓郁的气氛来烘托筵席的氛围,达到聚餐的目的。

图6-3 筵席的特征

❸ 社交性

社交性是指筵席的目的和作用。人们通过宴饮活动,既达到口腹和精神上的享受,又可以引发谈兴,进行社交活动。大到国宴上的政治、经济、文化等交往,小至社团、民间、公司活动和业务的开展,乃至人们纪念节日、婚寿丧节等,筵席都起着相当重要的作用。因此,可以说,筵席是人们进行社交活动的工具,是中华民族好客尚礼的主要表现形式,在人们现代日常生活中起着愈来愈重要的作用。

二、筵席的档次与种类

(一)筵席的档次

筵席的档次不同,菜点的选用与组合也不相同,其具体的体现形式就是其规格与种类。在不同的时期,筵席的规格与种类有着不同的模式,但也有着相对的稳定性,带有强烈的时代气息与浓厚的地方色彩,所以研究筵席的规格种类,有助于更好地继承中国烹饪文化和推动中国烹饪事业的发展。

现在,比较常见的分类方法是将筵席分为普通筵席、中档筵席和高档筵席三种规格。划分的主要依据:一是看菜点的质量和用料的优劣、做工的精细程度、餐具的风格档次;二是看筵席接待礼仪的高低、就餐环境与设备的配置。

❶ 普通筵席

又称大众筵席,用料多以普通家禽、家畜、水产和四季果蔬为主,也可配置少量的山珍海味充当头菜。制作上简单易行,装饰大众化,菜品以经济实惠、朴实、应时为主。常见于民间的婚、喜、寿、丧以及一般的社团活动,如一些地区的便席即为此类。

❷ 中档筵席

取用质量较好的家禽、家畜、水产、蛋、奶及时令果蔬,配置的山珍海味占整个筵席的二成。菜品多由地方菜和一些传统名菜组成,讲究菜点、盛具和装饰。席面丰盛、格局讲究,常用于较隆重的庆典和公关宴会。

❸ 高档筵席

取料上以质优的动物原料为主,配置适量精细的植物原料,其中山珍海味、名优特产原料占较大比重,货真价实,体现出不凡的档次。制作菜点重点在工艺造型菜、名菜名点、特色菜,讲究工艺调制,餐具华贵。席面命名雅致,文化气息浓郁,礼仪隆重,多用于接待贵宾、华侨、外宾及重要商务活动。

(二)筵席的种类

筵席的分类方法很多,受历史、地域、习俗、宗教、民族等多种因素的影响,形成了今天筵席的各种形式。

目前,常见的分类方法有以下几种。

❶ 按地方风味分类

如广式筵席、川式筵席、苏式筵席、鲁式筵席等。而且其内部又可再划分,如浙菜筵席中便可分杭式筵席、甬式筵席、绍式筵席、瓯式筵席等。由于地方风味本身就是以风味特征独树一帜,故而这样分类,能与不少餐馆的经营特色结合,使名店、名师、名菜点、名席及优质服务一体化,乡土风情浓郁,便于顾客选用。

❷ 按菜品数量分类

如四双拼、四热炒、六大件、六冷盘、四热炒、八大件等。也有传统的四六席、六六大顺席、八仙过海席、九九长寿席等。这种分类法,可以从数量上体现筵席规格,便于计价和调配品种,满足大众期望丰盛的心理,并兼顾了民族习惯,在普通筵席和民间广为使用。

❸ 按主要用料分类

有全鱼席、全羊席、全素席、全鸭席、全藕席等。主料只取一种,配以不同的配料,使用不同的烹调技法,形成不同风味。全席制作时主料单一,变化难度大,体现出很高的技艺。

❹ 按时令季节分类

有年夜饭(除夕筵席)、端午宴、重阳宴、中秋宴等。这类筵席以我国农历时节为主线,重在时令。选用的原料和菜品时令性很强,给人耳目一新的感觉。

❺ 按筵席置办的目的分类

有结婚喜宴、祝寿宴、庆功宴、乔迁喜宴、高考中榜宴、团贺宴等。这些筵席在编排菜单时要与主题贴近。例如,结婚喜宴,从形式和内容上均要体现喜庆、热烈、欢快的热闹气氛。通常菜品数量喜事逢双、丧事排单、庆婚要八、祝寿重九。菜肴的起名上应典雅吉祥,像双喜临门、龙凤呈祥、福如东海、恭喜发财、富贵满堂、一帆风顺、五谷丰登等经常被使用。

❻ 按社交的层次分类

有国宴、官宴和家宴等。国宴是我国传统筵席的最高形式,通常由国家元首或政府首脑主持,接待对象是外国元首、重要领导人,或在国家重大庆典时举行,宴会菜肴质量精良、环境优雅、气氛庄重、讲究礼仪是最大的特点。官宴是由国家机关、地方政府、企事业单位或社会团体主办,具体规格可根据不同的接待对象确定。家宴是在家中举办或以个人的名义举行的各种宴请,特点是气氛轻松愉快,具有浓厚的亲情味,也是目前最常见的一种普通宴会活动。

❼ 按筵席特征分类

我国筵席是在古代祭祀和礼仪的基础上发展起来的,随着社会经济和文化的发展,筵席的规模和内容有了很大的变化,按其特征,可分为中国传统筵席和中西结合筵席两大类。

(1) 中国传统筵席:这是我国常见的筵席,按照中华民族的聚餐方式、宴饮礼仪和审美观念编排而成。使用中国菜点、餐具,摆中国式台面,反映中国饮食风俗习惯,展示中国饮食文化。中国传统筵席按规格和运用场所的不同,又可分为宴会席和便餐席。

(2) 中西结合筵席:这是在中国传统筵席基础上,吸取西式筵席的长处融汇而成。有招待会、茶会、自助餐宴会、冷餐酒会、鸡尾酒会等不同形式。其特点是气氛活跃,用餐时间可长可短,主人和客人可任意走动交谈,服务员巡回服务。筵席上以冷菜为主,热菜、点心、水果为辅。形式上通常是将各式菜点集中放置在长方桌上,席位则散置餐厅各处(不是不设座椅),宾客随意走动,取食喜爱的菜点或饮料,自由攀谈。

此外,还有一些以其他不同依据进行分类的特色筵,如满汉全席、宫廷宴、孔府宴、红楼宴、谭家宴、包公宴、西安八景宴、蓬莱八仙宴、西湖十景宴、太湖船宴、胶东渔家宴等。

三、筵席菜肴的内容与构成比例

筵席菜肴是经过精选而组合起来的综合性整体,不仅各类菜点的配置要协调,而且每一个具体的菜点也要从整体着眼,从相互间的数量、质量以至色泽、形态和口味的对应关系出发,精心配置。

(一) 筵席菜肴的组成内容

❶ 冷盘(冷菜)

如四个单盘、四双拼、四三拼、花色冷盘、什锦拼盘。

② 热炒菜

一般要求采用旺火速成的技法,如炸、溜、爆、炒等,以达到菜肴口味和外形多样化的要求。

③ 大菜

由整只、整块、整条的原料烹制而成,装在大盘(或大汤碗)中上席的菜肴。

④ 甜菜

一般采用蜜汁、拔丝、冷冻、蒸等多种烹调方法,多数是趁热上席,夏令季节也有供冷食的。

⑤ 点心

在筵席中常用糕、团、面、粉、包、饺等品种,采用的种类与成品的粗细取决于筵席规格的高低,高级筵席须制成各种花色点心。

有的筵席除上述五种菜点外,还有水果、干果等。

(二) 筵席中各类菜肴的比例关系

在配置筵席时应注意冷盘、热炒、大菜、点心、甜菜的成本在整个筵席成本中的比重,以保持整个筵席中各类菜肴质量的均衡,防止冷盘过分好,热炒菜过分差或相反的现象。为了便于分析和操作,我们将筵席做一个简单的分类,一般来讲,每席售价在 400~600 元的称为普通筵席,每席售价在 601~2000 元的称为中档筵席,每席售价在 2001~4000 元的称为高档筵席,每席售价在 4000 元以上的称为特高档筵席。当然以上标准可能在不同地区会有很大的不同,在实际工作中应该从本地实际情况出发,来做具体调整与安排。

① 普通筵席

冷盘约占 10%,热炒约占 40%,大菜与点心约占 50%。

② 中档筵席

冷盘约占 15%,热炒约占 30%,大菜与点心约占 55%。

③ 高档筵席

冷盘约占 20%,热炒约占 30%,大菜与点心约占 50%。

任务二 筵席的成本与销售价格的核算

建议课时:3 课时

→ 任务描述

标准筵席与预订筵席的成本核算、筵席销售价格的核算,是本任务学习的主要内容。

→ 任务目标

了解构成筵席成本的内容,掌握筵席成本与筵席销售价格的核算方法,能够解决有关筵席成本与筵席销售价格的实际问题。

一、筵席成本的核算

在制作筵席菜肴过程中实际耗用的原料的成本,如主料成本、配料成本、调味料成本,都列为筵席的成本;在生产、销售和服务过程中的各种耗费,如工资、燃料、水电、管理费等开支,均作为费用,不计入筵席成本。构成筵席的各种菜肴的成本相加,其总额即为该筵席的成本。在实际工作中,筵席往往是由顾客预订,因此需要根据预订筵席的标准,以及该筵席的销售毛利率,核算出筵席的成本,再根据各类菜点所占筵席成本的比重计算出各类菜点的成本,直至核算出组成各类菜点的各个品种的成本。具体核算方法有以下两种。

(一)标准筵席的成本核算

在计算出单一菜点的成本之后,将组成筵席的各种菜点的成本相加,所得总值即是该宴席的成本。

其计算公式为:

$$筵席成本 = 菜点1成本 + 菜点2成本 + \cdots\cdots + 菜点n成本$$

【例6-1】 已知某餐厅一桌筵席(酒水另计)的菜品组合为四双拼、六热炒、三大菜、二点心、一果盘。耗用原材料成本如下:

四双拼:白斩鸡(21.65元)、酱汁鱼(23.20元)、水晶藕(5.60元)、海米拌黄瓜(12.90元)、盐水虾(28.85元)、清腌醉蟹(32.80元)、五香肉干(18.60元)、卷尖(14.50元)。

六热炒:油爆墨鱼筒(38.80元)、爆炒腰花(43.80元)、黄焖三菌(27.65元)、滑炒鱼片(43.85元)、拔丝山药(29.65元)、酸辣汤(38.65元)。

三大菜:葱烧海参(145.20元)、香酥鸡(86.30元)、清蒸武昌鱼(68.80元)。

二点心:佛手包(14.80元)、葱油饼(15.50元)。

一果盘:水果拼盘(28.90元)。

试求该筵席的成本是多少?

解:筵席成本 = 菜点1成本 + 菜点2成本 + ······ + 菜点n成本

$= 21.65 + 23.20 + 5.60 + 12.90 + 28.85 + 32.80 + 18.60 + 14.50 + 38.80$

$+ 43.80 + 27.65 + 43.85 + 29.65 + 38.65 + 145.20 + 86.30 + 68.80 + 14.80$

$+ 15.50 + 28.90$

$= 740.00(元)$

答:该筵席的成本是740.00元。

(二)预订筵席的成本核算

对于顾客预订筵席的成本核算,应根据预订筵席的销售价格(元/桌)及与筵席规格相适应的销售毛利率,按以下步骤核算筵席成本。

第一步:根据筵席的销售价格,按照相应的销售毛利率,按以下公式核算筵席成本。

$$\text{筵席成本} = \text{筵席售价} \times (1 - \text{销售毛利率})$$

第二步：依据筵席成本和该档次筵席的各类菜点成本所占比重，计算出各类菜点成本。

第三步：确定各类菜点的组成品种，分别核算出各个品种的成本。各菜点品种的成本之和，应与筵席成本相一致。

【例6-2】 王先生预定销售价格为1800.00元的中档筵席3桌，按规定此筵席的销售毛利率为52％。试计算每桌筵席的冷盘成本是多少？（中档筵席的冷盘成本占筵席总成本的15％）

解：每桌筵席的成本＝每桌筵席的销售价格×(1－销售毛利率)

$$= 1800.00 \times (1 - 52\%)$$
$$= 864.00（元）$$

每桌筵席的冷盘成本＝每桌筵席的成本×冷盘成本占筵席总成本的比重

$$= 864.00 \times 15\%$$
$$= 129.60（元）$$

答：每桌筵席的冷盘成本是129.60元。

二、筵席销售价格的核算

为了满足餐饮市场需要开列的筵席菜单，要根据与筵席规格相适应的销售毛利率，按以下步骤核算筵席销售价格。

第一步：分别计算出组成各类菜点的各个品种的成本，相加之和即为各类菜点成本。

第二步：将各类菜点成本相加，即为筵席成本。

第三步：根据筵席成本和相应的销售毛利率，按以下公式核算出筵席销售价格。

$$\text{筵席销售价格} = \text{筵席成本} \div (1 - \text{销售毛利率})$$

【例6-3】 已知某餐厅的中档筵席一桌，冷盘成本是130.00元，热炒成本是275.85元，大菜成本是280.15元，点心和果盘成本是82.00元。请计算此桌筵席的销售价格(适用的销售毛利率为52％)。

解：此桌筵席的成本＝冷盘成本＋热炒成本＋大菜成本＋点心和果盘成本

$$= 130.00 + 275.85 + 280.15 + 82.00$$
$$= 768.00（元）$$

此桌筵席的销售价格＝此桌筵席的成本÷(1－销售毛利率)

$$= 768.00 \div (1 - 52\%)$$
$$= 768.00 \div 0.48$$
$$= 1600.00（元）$$

答：此桌筵席的销售价格是1600.00元。

项目小结

本项目主要介绍了筵席基本知识、筵席成本和销售价格的核算方法。学习了本项目，可以了解筵席的概念与特征、筵席的档次与种类、筵席菜肴的内容与构成比例;能够根据要求,开列不同档次的筵席菜单;掌握筵席成本与筵席销售价格的核算方法,能够解决有关筵席成本与筵席销售价格核算的实际问题。

同步测试

扫码看答案

一、思考题

1. 什么是筵席？筵席的特征有哪些？
2. 举例说明常见的筵席分类方法。
3. 筵席菜肴的组成内容是什么？

二、计算题

1. 小明同学开列了一桌筵席菜单,其中冷盘成本 43.20 元,热菜成本 128.60 元,大菜成本为 169.00 元,点心和水果成本 46.80 元。那么,该筵席的成本是多少？如果规定的销售毛利率为 43%,试求该筵席的销售价格。

2. 某顾客预订中档筵席 5 桌,每桌为销售价格 1680.00 元(酒水另计)。试计算该筵席的成本和各类菜点的成本(适用的销售毛利率为 52%)。

3. 某筵席的售价为 880.00 元(酒水另计),其销售毛利率为 45%,筵席的菜点有 5 个单元,各单元占总耗料成本的百分比分别为：A 单元占 30%;B 单元占 15%;C 单元占 40%;D 单元占 6%;E 单元占 9%。试求各单元的实际耗料成本。

4. 某外资公司举办西餐宴会,每人标准 200.00 元,预订 50 人参加。若宴会的销售毛利率为 55%,试求该宴会的成本是多少元？

5. 请您开列一桌普通春季时令筵席菜单,菜品组合形式为四双拼、六热炒、三大菜、二点心、一果盘,核算出每个菜点的成本和筵席成本。如果规定的销售毛利率为 38%,求出该筵席的销售价格。

项目七

餐饮产品成本费用的控制与分析

扫码看课件

项目描述

餐饮企业在经营过程中都会面临如何降低成本、增加利润的问题,广义的餐饮成本包括了原材料消耗、职工工资、水电费、燃料费、固定资产折旧等费用,但由于餐饮业经营自身的特点,一般餐饮成本仅指直接的原材料费用支出,即本项目阐述的餐饮产品成本。通过学习本项目中餐饮产品成本控制的概述、方法、分析,学生可理解餐饮产品成本控制的概念、重要性,掌握餐饮产品成本控制的主要方法,具有初步的餐饮产品成本分析的能力,增强餐饮经营过程中产品成本控制的意识和能力。

项目目标

1. 理解餐饮产品成本控制的概念和重要性。
2. 明确餐饮产品成本控制的主要方法。
3. 了解餐饮产品成本分析的主要内容,初步掌握餐饮产品成本分析的基本方法。
4. 增强餐饮产品成本控制的意识和能力。

任务一 餐饮产品成本控制概述

建议课时:1课时

 任务描述

通过对餐饮产品成本控制概述的学习,来理解餐饮产品成本控制的概念,明确餐饮成本控制的重要意义,增强餐饮成本控制的意识。

 任务导入

当餐饮成为"高消耗"产业,企业如何逆势实现盈利?

随着各项成本的大幅提升,餐饮业正在成为一个高消耗的产业。

❶ 房租从 1 万涨到 4 万，光给房东打工了

在成都市的盛隆街上，曾经有一家苍蝇馆子 50 强——青豆花（图 7-1），它曾是周边居民和白领的食堂，以物美价廉著称，经常一家人开车去吃，100 块钱吃撑 4 个人。

然而就在去年，这家小有名气的盐帮菜小店却关门了。

图 7-1 青豆花餐馆

青豆花的老板说，"各种成本水涨船高，光房租就从 1 万涨到了 4 万。"

老板还说，"不仅仅是房租，人力成本一个月大约也需要三四万，加上一万多的水电气。一个月的营业额要在 20 万以上才不亏钱。这样，每天铆足了劲儿做，也仅仅是刚刚保本，根本赚不到钱。"

"一年下来，钱不仅没赚到，还都交给房东了，比打工还累！"不少餐厅老板也深有同感。

❷ 高成本无法避免，就避免成为"高损耗"企业

其实，这样的状态，在餐饮行业已经不算个案。餐饮行业已经整体进入了高房租、高人工、高原材料的"三高"时期。

在餐饮行业迎来现代化管理的当下，曾经的餐饮行业因为粗放经营，带来了一个看不见的第四高——高损耗。这其中，包括了储存不当、产品制作浪费、运营不善带来的原材料、人力成本等各个方面的损耗，而这些夺走的都是餐厅的净利润。

如果说，高成本无法规避，那就要学会如何控制餐饮产品成本，实现利润达成，减少运营中的利润损耗。

什么是餐饮产品成本控制？它的重要性体现在哪些方面？下面我们就一起来进入本任务的学习。

任务目标

1. 理解餐饮产品成本控制的概念。
2. 理解餐饮产品成本控制的重要意义。
3. 增强餐饮产品成本控制的意识。

餐饮产品成本控制是餐饮企业成本控制的重要组成部分。餐饮企业的经营有其自身的特点，如集生产、销售、服务于一体，服务与消费过程统一等，这些环节都会产生相应的费用，也都是餐饮企业成本控制的对象和范畴,本任务主要是就餐饮产品成本的控制来展开,即餐饮产品原材料成本的控制。

一、餐饮产品成本控制的概念

餐饮产品成本控制一般是指餐饮企业按照制定的餐饮产品成本标准,对餐饮产品的各成本要素进行严格的监督和调节,使其实际成本居于计划范围内,保证餐饮企业实现产品成本目标的过程(图7-2)。

图 7-2　降低成本

餐饮产品成本由主料、配料、调味料和燃料的成本共同构成。其中,主料和配料成本是构成餐饮产品成本的主要组成部分,调味料在餐饮产品里的使用量一般要少于主配料,但也是不可缺少的组成部分,尤其在部分餐饮产品里占比较高。因此,餐饮产品成本的控制主要是围绕食材从采购、验收、储藏保管、发放、粗加工、切配、烹饪、销售服务到结账收款的每个环节来开展的。

二、餐饮产品成本控制的重要意义

（一）餐饮产品成本控制是实现利润增加的重要手段

有效的餐饮产品成本控制会带来利润的明显增加。任何一个企业,在经营过程中都会面临如何增加利润的问题,其中控制成本是必由之路。对于餐饮企业来说,餐饮产品成本的控制是重中之重。

（二）餐饮产品成本控制是规范餐饮企业经营管理的重要手段

餐饮产品成本控制是一项复杂的、系统性的工作,将会涉及食材从采购、验收、储藏保管、发放、粗加工、切配、烹饪、销售服务到结账收款等各个环节,每一个环节又会涉及相应岗位及人员的管理。因此,餐饮产品成本的控制将有助于规范餐饮企业的经营管理。

（三）餐饮产品成本控制是衡量餐饮企业管理水平的重要指标

餐饮企业管理水平的衡量指标有很多,其中餐饮产品成本控制就是一项非常重要的指标。成本控制是否有效在财务数据中可量化体现(图7-3),这与企业的效益密切相关,这些数据背后可体现企

图 7-3　餐饮产品成本量化

业管理水平的高低。

（四）餐饮产品成本控制是社会主义经济建设对餐饮企业经营的内在要求

餐饮经济是社会主义经济建设体系的重要组成部分，在满足人民对美好生活需求的同时，也为国家税收做出了重要贡献。餐饮企业只有做好对餐饮产品成本的控制，才能实现可持续发展和利润增长，才能承担好社会主义经济建设赋予餐饮企业的职责，所以，餐饮产品成本控制是社会主义经济建设对餐饮企业经营的内在要求。

相关知识

餐 饮 成 本

餐饮成本是指餐饮加工部门、销售部门生产或供应饮食产品的各种耗费或支出的总和（图 7-4）。餐饮成本是餐饮企业成本的一个组成部分。广义的餐饮成本，应当包含原材料的消耗、员工的工资、水电费、燃料费、固定资产折旧及餐饮经营过程中的全部消耗，但一般的餐饮成本，仅指原材料消耗的费用总和（包括燃料成本），即主料成本、配料成本、调味料成本和燃料成本总和。主要原因是餐饮业的生产过程和销售过程紧密相连，主副食菜品种类繁多，生产费用和销售费用不易划分等，例如，烹制一份"鱼香肉丝"，除了主料和辅料便于计算外，用了多少水，炉灶及其他厨具磨损了多少，确实难以一次一份地详细计算。因此，为了使成本核算工作更好地适应生产实际，方便核算，故餐饮产品的成本核算仅指各项原材料耗费的支出。

图 7-4　餐饮成本

任务二 餐饮产品成本控制的方法

建议课时:1课时

任务描述

通过本任务的完成,明确可以通过制定严格规范的采购制度和监督机制、建立严格的出入库及领用制度、建立严格的报损报丢制度、利用标准化生产控制损耗和利用互联网信息管理工具等方法控制餐饮产品成本,实现餐饮经营提质增效的目的,增强餐饮成本控制的意识和能力。

任务导入

餐饮店如何才能实现盈利?有哪些方法?

俗话说,"民以食为天",餐饮业一直是资本投资的重要领域。经营就需要实现盈利(图 7-5),盈利才能可持续发展,那么餐饮店如何才能实现盈利?都有哪些方法呢?

图 7-5 餐饮盈利

请同学们根据以上问题思考后举手回答。

今天我们主要讨论如何通过控制餐饮产品成本的方法来实现盈利,下面我们一同来完成本节课任务。

任务目标

1. 理解通过制定严格规范的采购制度和监督机制实现控制餐饮产品成本的方法。
2. 理解通过建立严格的出入库及领用制度实现控制餐饮产品成本的方法。
3. 理解通过建立严格的报损报丢制度实现控制餐饮产品成本的方法。
4. 理解通过建立生产标准和控制体系,利用标准化生产控制损耗,实现控制餐饮产品成本的方法。
5. 理解利用互联网信息管理工具实现控制餐饮产品成本的方法。

6. 增强餐饮成本控制的意识和能力。

餐饮产品成本控制主要是对餐饮企业经营消耗的菜品原材料支出进行控制,就是从原材料的采购、验收、储藏保管、发放、粗加工、切配、烹饪、销售服务到结账收款的每个环节来严格管控流程和规范制度,强化内部管理,实现有效降低原材料成本和损耗,达到利润增长。

一、制定严格规范的采购制度和监督机制,以控制采购成本

餐饮及厨房采购的特点是品种繁杂,原材料保质期短,价格变化大。特别是烹饪原材料的采购工作,是餐饮产品成本控制的重点和难点。

(一)建立原材料采购计划和审批流程

餐饮部管理人员要根据酒店餐饮的运营特点,制订周期性的原料采购计划,并细化审批流程(图7-6)。例如,每日直接进厨房的原料,要按当天的经营情况和仓库现有储存量,来制定次日的原料采购量,并由行政总厨把关审核。重要的原料如燕窝、鱼翅、鲍鱼等要实行二级控制,要经总厨申报、餐饮总监审核,报总经理审批,减少无计划采购。对于计划外及大件物品则必须通过呈报总经理批准进行采购。

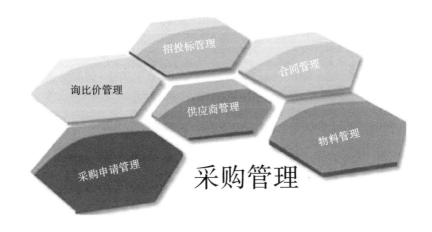

图7-6 采购管理

(二)建立严格的采购询价、报价体系

财务部可设立专门的物价员,定期对日常消耗的原辅料进行广泛的市场价格咨询,坚持货比三家的原则,对物资采购的报价进行分析反馈,发现有差异及时督促纠正。对于每天使用的蔬菜、肉、禽、蛋、水果等原材料,根据市场行情每半个月公开报价一次,并召开定价例会,定价人员由使用部门负责人、采购员、财务部经理、物价员、库管人员组成,对供应商所提供物品的质量和价格两方面进行公开、公平的选择。对新增物资及大宗物资、零星紧急采购的物资,须附有经批准的采购单才能采购。

(三)建立严格的采购验收制度

验收控制的目的,是根据酒店制订的食品采购计划及采购要求,检验购进原材料,核对购进原材料的价格、数量与报价和订货是否一致,并且将收到的各种原材料及时送至仓库和厨房(图7-7)。因此,验收控制是把好原材料进入厨房和仓库的第一关。

图 7-7 采购验收

❶ 实行验收责任人制度

验收工作应由专职验收员负责,业务上接受餐饮部的专业指导。验收人员应具备丰富的原材料知识,懂烹饪、识原料、善鉴别,且需要定期走访市场,掌握第一手的原材料信息。在验收人员的选择上,要求具备诚实、精明、细心、秉公办事等良好的职业素养。验收人员要做到"三个不收":对超量进货、质量低劣、规格不符的不收;未经批准采购的物品不收;对价格和数量与采购单上不符的不收。每日验收要有餐饮部人员参与。验货结束后验收员要填写验收凭证,如果发现质量问题,第一责任人要承担责任。

❷ 确立明确的验收标准

酒店行政总厨应根据酒店的菜单,制定适应于市场且符合菜肴制作要求的原材料标准。对于直接进厨房的原材料,每日都要求厨房专门的验收人员对原料的数量、质量标准,与采购订单和报价进行验收把关。对于质量差、超预订的原料坚决给予退回,保证流入厨房原料的质量和合理数量。活鲜品种入海鲜池,由海鲜池人员二次验货,并做记录。对于外地或当地供货商所供的活鲜品种,出现当夜死亡或隔夜死损的,事先与供货商制订好退货或活转死折价收购协议,并由库管及海鲜池双方签字确认并报财务部。

❸ 贵重原材料可实行标签制,由专人管理

对于一些贵重的原材料,可实行标签制,由专人管理。如燕窝、鱼翅、鲍鱼、龙虾等,不仅要有斤,还要记录只数,保证重量和份数可控,以便于财务核算和控制。

❹ 验收结果应记录存档

要求采购和验收人员每日填写"采购验收日报表",记录原材料供应情况,评价供应商的信用程度,并做好相关分析,每10天(定价前)要进行总结分析并将报告交餐饮部、财务部和总经理室。

(四)严格控制采购物资的库存量,有效降低库存成本

库存控制的目的是根据当前的经营情况,通过科学的库存管理措施,严格控制采购物资的数量,

合理设置库存量的上下限,努力以最低的库存量保证酒店的运营。实行定期盘存制度,餐饮部每天对库存物品进行检查(特别是冰箱和冰库内的库存物品),对于不够的物品及时补货,对于滞销的物品,减少或停止供应,以避免原材料变质造成的损失。每天由二级厨房仓管人员进行盘点,并按照原材料先进先出的原则,做到原材料保质保量。对于一些由于生意淡季滞销的原料、酒水等及时通过前台加大促销,避免原料过期造成浪费。

二、建立严格的出入库及领用制度

仓库应设立签字本,特别是贵重物品要专人领用(图 7-8)。库管人员应做好原料出入的台账登记工作,以便清楚地看到每日经营情况与原料领出的数量比。对于一些贵重的酒水,则可以采用"瓶换瓶"的方法予以控制。库管人员要做到如下几点:没有领料单,不发放;领料单填写不清楚、主管领导没签字或不符,不发放;数量、金额不相符,填写的内容与形式不符合酒店财务管理制度,不发放。

图 7-8　库存管理

三、建立严格的报损报丢制度

对于高档海鲜酒楼经常遇到的原材料、烟酒的变质、损坏、丢失应当制定严格的报损报丢制度,并制定合理的报损率。报损由部门主管上报财务库管,按品名、规格、称斤两填写报损单,报损品种需由采购部经理鉴定分析后,签字报损。报损单汇总后每天报总经理。如超过规定报损率应说明原因。

四、建立生产标准和控制体系,利用标准化生产控制损耗,降低成本

建立生产标准和控制体系,分别对加工、配制、烹调等环节制定操作标准和有效可行的控制方法(图 7-9)。建立标准就是对生产质量、产品成本、制作规格进行数量化,并用于检查指导生产的全过程,随时消除一切生产性误差,达到控制管理的效能。对某些经常容易出现生产问题的环节应重点管理、重点检查。

图 7-9 烹调

（一）编制标准菜单与标准成本

标准菜单和标准成本的制定，可以保证厨房工作有序开展，保证菜肴在制作、加工过程中能够按规定的分量和比例出品，实现期望的毛利率。

标准菜单的内容应包括菜点名称、制作份数、份额大小，以及投放原料的名称、规格、数量，需要的生产设备，详细的制作程序、时间、温度和方法等。标准菜单不仅要控制各种原料的投放数量和规格，还要严格控制产品质量。对新购进、从未使用过的原料，应测试其净料率和熟制率是否符合成本管理的要求和需要。标准菜单要经过认真核算，而且要定期更新，要注意常年菜单与季节性菜单的搭配。

（二）关注价格信息的变动，实行毛利率预警制度

针对不同季节的原料价格变动情况，应定期预报价格变动并提前调整出品价格，有效稳定毛利率。从某些方面来说，一家成熟的饭店，其毛利率的控制水平，体现了餐饮管理的成熟度。

（三）销售环节建立操作规范

作为餐饮产品的出品部门，厨房要定期对前台员工进行菜肴知识的培训。尤其是新菜推出，都要有讲解、有培训，而且厨师长要定期对点菜员进行主副食搭配、利润控制、营养知识的培训，以提高前台销售的技能和满意度。

五、利用互联网信息管理工具控制餐饮成本

利用先进的互联网信息管理工具是餐饮管理发展的新趋势（图 7-10），可以实现采购-验收-库存-标准菜单-成本核算-供应商沟通的全流程互联网信息化管理，实现标准化的餐饮成本核算体系。利用互联网信息管理工具，可以使决策层决策的科学性、管理层管理的力度、操作层操作的效率得到进一步的提升，让餐饮管理和成本管控更加便捷和高效。例如，通过计算机软件实现库存智能化管理，由计算机自动报警，及时补货。对于滞销菜品，可以通过软件统计出数据，及时减少库存量，或停止长期滞销菜的供应，以避免原材料变质造成的损失；如 NCR 系统，可以定期做宾客消费分析、菜肴销售排行等，为加强成本控制提供有力的数据支撑。

图 7-10　互联网信息管理工具

> 相关知识

餐饮成本的分类

餐饮成本与其他成本一样,可以按多种标准进行分类(图 7-11)。餐饮成本分类的目的在于根据不同成本采取不同的控制策略。餐饮产品成本根据考虑问题的角度不同,分类方法也不同。主要有以下几种不同的方法。

❶ 按是否与业务量有关,划分为固定成本和变动成本

(1) 固定成本:不随业务量(产量、销售量或销售额)的变动而变动的那些成本。例如,固定资产折旧费,即在一定时期内按财务制度规定所提取的折旧费,是不随业务量的变动而变化的。

(2) 变动成本:在一定时期和一定经营条件下,随着业务量的变动而变化的那些成本。例如,原料成本、水电能源支出等,会随着餐饮菜点的生产和销售的增加而增加。因此,原材料成本和水电能源支出属于变动成本。

图 7-11　餐饮成本

此类划分主要是为损益分析和成本控制提供理论依据。高层管理以固定成本控制为主,中低层管理以变动成本控制为主,尽量降低成本费用。在划分固定成本和变动成本后,就可利用数学方法分析业务量、成本及利润(简称量本利)三者之间的平衡关系,对成本费用进行分析,加强对成本的控制和管理,提高企业的经济效益。

❷ 按成本可控程度,划分为可控成本和不可控成本

(1) 可控成本:在餐饮管理中基层部门通过自身的努力所能控制的成本,即在短期内可以改变其数额大小的那些成本。一般而论,变动成本属于可控成本。管理人员若变换每份菜的份额,或在原料油的采购、验收、储存、生产等环节加强控制,则餐饮产品成本也会发生变化。某些固定成本也是可控成本,如广告和推销费用、维修费、管理费等。又如,有关操作人员通过个人精湛的技艺和工作责任心,可节约原料、物料消耗品和水电能源等耗费,使其降低或控制在一定的成本水平上。对可控成本的管理是餐饮成本控制的重要方面。

(2) 不可控成本:基层部门人员通过努力也难于控制,只有高层管理才能掌握的那些成本。固定成本一般是不可控成本。例如,租金、维修费、保险费、固定资产折旧费及按规定提取的福利费等。这些均是按有关制度规定支出的,经营管理人员无法通过努力来改变其数额大小,因此,属于不可控成本。

此两类成本主要是为成本控制的分工和重点掌握提供理论依据。基层部门以可控成本控制为主,高中层则以不可控成本控制为主。

❸ 按与产品形成的关系,划分为直接成本和间接成本

(1) 直接成本:在产品生产过程中直接耗用而加入到成本中去的那些成本。主要包括原料成本、酒水成本和商品成本三部分。

(2) 间接成本:那些不属于产品成本的直接支出,而必须用其他方法分摊的各项耗费。

此类划分的作用,在于为部门和全企业成本核算提供理论依据。部门以直接成本核算为主,全企业以间接成本核算为主。

❹ 按成本计算的对象,划分为总成本和单位成本

(1) 总成本:一定时期某种、某类、某批或全部菜点成品的成本总额。

(2) 单位成本:单个产品的生产耗费。

例如,制作月饼,批量为 100 块,100 块月饼的总成本为 650.00 元,则每块月饼的成本为 6.50 元。餐饮业计算成本的对象,是单件餐饮品,所以,通常所说餐饮业的产品成本,是指餐饮单位产品的成本。

精确计算餐饮产品的单位成本和总成本是成本核算的核心。

任务三 餐饮产品成本分析

建议课时:2课时

 任务描述

通过本任务的完成,理解餐饮产品成本分析的概念,了解餐饮产品成本分析的作用,初步掌握餐饮产品成本分析的基本内容和方法,增强餐饮产品成本控制的意识和能力。

任务导入

分析研判，是为了更好地前进

我们总能在新闻当中听到"某某季度经济分析会议"，人们通过对上一季度经济运行数据的分析，来预测今后一段时间的经济走势，经过分析研判，进而制订下一步的工作计划。可见，对已有数据的分析，可以很好地指导下一步的工作。

餐饮经营亦是如此，我们可以通过餐饮经营过程中产品成本的分析（图7-12），更好地进行成本控制，实现利润的增长。

图 7-12 餐饮成本分析

下面我们一同来进入本课的任务——餐饮产品成本分析。

任务目标

1. 理解餐饮产品成本分析的概念。
2. 了解餐饮产品成本分析的作用。
3. 初步掌握餐饮产品成本分析的基本内容和方法。
4. 增强餐饮产品成本控制的意识和能力。

餐饮产品成本费用是餐饮企业的一项重要经济指标。餐饮企业经营效益的好坏，既取决于经营收入的多少，也取决于餐饮产品成本费用的高低。在经营收入相等的情况下，餐饮产品成本费用越低，盈利就越多。因此，对餐饮产品成本进行分析，寻找降低餐饮产品成本的途径，是提高餐饮企业经营效益的基本手段。

一、餐饮产品成本分析的概念与作用

（一）餐饮产品成本分析的概念

餐饮产品成本分析是指对餐饮企业经营过程中消耗的餐饮原料，即主料、配料、调味料的支出进

行分析。

(二)餐饮产品成本分析的作用

寻找降低餐饮产品成本的途径,提高餐饮企业经营效益。

二、餐饮产品成本分析的基本内容与方法

(一)确定标准成本率或标准费用率

$$标准成本率 = \frac{标准营业成本}{标准营业收入} \times 100\%$$

$$标准费用率 = \frac{标准营业费用}{标准营业收入} \times 100\%$$

(二)确定实际成本率或实际费用率

$$实际成本率 = \frac{实际营业成本}{实际营业收入} \times 100\%$$

$$实际费用率 = \frac{实际营业费用}{实际营业收入} \times 100\%$$

(三)比较标准成本率和实际成本率,或标准费用率和实际费用率,了解预算控制结果

将成本费用预算执行的实际结果与预算进行比较,能考核餐饮企业成本费用控制的质量,了解实际成本(费用)率与标准成本(费用)率之间的差异(图7-13)。

图 7-13 成本管理与控制

(四)对结果进行综合分析

掌握差异存在的原因、具体责任环节或责任人,找出差异的真正原因和相关因素(图7-14),提出改进措施和建议,提高餐饮经营管理水平。

【例 7-1】 某餐厅 2018 年标准单位原料成本为 45.00 元/人,标准就餐人次为 3.5 万人。实际营业成本是 150 万,实际单位原料成本为 50.00 元/人,实际就餐人次为 3 万人,试就成本因素差异

图 7-14 计算各因素影响

进行分析。

解：

1. 该餐厅实际营业成本：

   实际营业成本＝实际单位原料成本×实际就餐人次＝50.00×30000＝1500000.00(元)

2. 用标准单位原料成本代替实际就餐人数：

   营业成本 A＝标准单位原料成本×实际就餐人次＝45.00×30000＝1350000.00(元)

3. 再用标准就餐人次代替实际单位原料成本：

   营业成本 B＝标准单位原料成本×标准就餐人次＝45.00×35000＝1575000.00(元)

4. 计算各因素的变动对变动结果的影响

(1) 单位原料成本因素的影响：

   实际营业成本－营业成本 A＝1500000－1350000＝150000.00(元)

即：该餐厅因实际单位原料成本比标准单位原料成本高 5.00 元/人，导致实际营业成本高于预算营业成本 150000.00 元，说明超出预算开支 150000.00 元。

(2) 就餐人次因素的影响：

   营业成本 A－营业成本 B＝1350000.00－1575000.00＝－225000.00(元)

即：该餐厅因实际就餐人次比预算就餐人次少了 5000 人次，导致实际营业成本低于预算营业成本 225000.00 元，说明节省预算开支 225000.00 元。

综合分析：由于单位原料成本和就餐人次两个因素的共同影响，该餐厅实际营业成本比预算营业成本减少了 75000.00 元。

【例 7-2】 某酒店春节制作礼盒馒头 3 万个，实际耗用面粉 6000 千克，面粉实际单价 3.20 元/千克，单位标准用料 0.20 千克，每千克面粉的标准价格为 3.00 元/千克。试对原料成本差异进行分析。

解：

1. 实际成本与标准成本的差异：

   $6000 \times 3.20 - 30000 \times 0.20 \times 3.00 = 19200 - 18000 = 1200.00$(元)

2. 面粉单价因素对产品成本的影响：

   $6000 \times (3.20 - 3.00) = 1200.00$(元)

说明面粉单价提高使成本增加 1200 元。

3. 面粉耗用量因素对产品成本的影响：

$$(6000-30000\times0.20)\times3.20=0(元)$$

因面粉耗用量未增加，此项没有造成成本增加。

4. 综上所述：

仅因为面粉单价提高使成本增加 1200.00 元。

相关知识

保 本 点

保本点是指总销售收入和总成本相等，既无盈利，也不亏损，正好保本的销售量（额），又称"损益平衡点""盈亏临界点"，是指能使企业达到保本状态时的业务量的总称（简称 BEP，即 break even point 的缩写）。

保本点是企业的收入正好等于全部成本（图 7-15）。超过这个业务量水平，企业就有盈利；反之，就会发生亏损。也就是说，保本点越低越好，这是投资或经营中一个很重要的数量界限。

图 7-15 保本点

近年来，盈亏平衡分析在企业投资和经营决策中得到了广泛的应用。

1. 保本点销售量＝固定成本总额÷（产品单价－单位变动成本）

又因为：产品单价－单位变动成本＝单位综合毛利

则，上式又可写成：保本点销售量＝固定成本总额÷单位综合毛利

2. 盈亏平衡点收入＝年固定成本总额÷（1－变动成本率）

其中，变动成本率＝（单位变动成本÷销售单价）×100%

则单位变动成本＝（销售单价×变动成本率）×100%

3. （生产单一产品企业）保本点销售额＝固定成本÷综合毛利率

4. （生产多种产品企业）保本点销售额＝固定成本÷加权平均综合毛利率

项目小结

本项目主要通过对餐饮产品成本控制的概念、方法、分析三个任务的完成，来理解餐饮产品成本

控制的概念、重要性,掌握餐饮产品成本控制的主要方法,具有初步的餐饮产品成本分析的能力,增强餐饮经营过程中产品成本控制的意识和能力。

> 同步测试

扫码看答案

一、填空题

1. 餐饮企业的经营有其自身的特点,如集_____、_____、_____于一体,_____与_____过程统一等。

2. 餐饮产品成本由_____、_____、_____的成本共同构成。

3. 餐饮产品成本的控制主要是围绕食材从_____、_____、_____、发放、_____、_____、_____、销售服务到结账收款的每个环节来开展的。

4. 餐饮企业管理水平的衡量指标有很多,其中_____就是一项非常重要的指标。

5. 餐饮产品成本控制主要是对餐饮企业经营消耗的_____支出进行控制。

6. 特别是烹饪原料的_____工作,是餐饮产品成本控制的重点和难点。

7. _____是把握好原材料进入厨房和仓库的第一关。

8. 对于一些贵重的原材料,可实行_____,由专人管理。如燕窝、鱼翅、鲍鱼、龙虾等,不仅要有斤,还要记录_____,保证重量和份数可控,以便于财务核算和控制。

9. 每天由二级厨房仓管人员进行盘点,并按照原材料_____的原则,做到原材料保质保量。

10. 仓库应设立_____,特别是贵重物品要_____。

11. 建立生产标准和控制体系,利用_____控制损耗,降低成本。

12. _____和_____的制定,可以保证厨房工作有序开展,保证菜肴在制作、加工过程中能够按规定的分量和比例出品,实现期望的毛利率。

13. 作为餐饮产品的出品部门,厨房要定期对_____进行_____培训。

14. 厨师长要定期对_____进行_____、_____、_____的培训,以提高前台销售的技能和满意度。

15. 利用先进的_____是餐饮管理发展的新趋势,可以实现采购-验收-库存-标准菜单-成本核算-供应商沟通的全流程互联网信息化管理,实现标准化的餐饮成本核算体系。

16. 餐饮企业经营效益的好坏,既取决于_____的多少,也取决于_____费用的高低。

17. 在经营收入相等的情况下,_____费用越低,盈利就越多。

18. 餐饮产品成本分析是指对餐饮企业经营过程中消耗的_____,即主料、配料、调味料的支出进行的分析。

二、简答题

1. 请简述餐饮产品成本控制的重要意义。
2. 餐饮产品成本控制的方法有哪些?

3. 如何制定严格规范的采购制度和监督机制来控制采购成本？

4. 请简述验收控制的目的。

5. 验收人员要做到"三个不收"的具体内容有哪些？

6. 请简述库存控制的目的。

7. 库管人员在哪些情况下要做到不得发放？

8. 请简述制作标准菜单包括的内容和注意事项。

9. 请简述餐饮产品成本分析的基本内容与方法。

三、分析题

1. 左岸西餐厅2016年标准营业成本为120万。其标准单位原料成本为40元/人，标准就餐人次为3万人。实际营业成本是126万，实际单位原料成本为45元/人，实际就餐人次为2.8万人，试就成本因素差异进行分析。

2. 希尔顿西饼房1月份制作法棍面包3万只，实际耗用面粉3300千克，面粉实际单价3.20元/千克，单位标准用料0.1千克，每千克面粉的标准价格为3.00元/千克。试对原料成本差异进行分析。

附 录

附录 A　现代餐饮企业经营管理
——全数字化网络经营管理平台

现代餐饮经营管理过程中，厨房管理占有举足轻重的地位。将厨房管理接入全数字化网络管理平台是现代餐饮企业经营管理的基础和关键所在，它对整体的管理来说起着承上启下的作用。

一、原料初加工时纳入数字化网络管理的第一步

（一）加强原料初步加工的管理，降低原料入网成本

原料初步加工这道工序在以往被称为水台、开生等，是餐饮企业中一个不起眼的组别和工序。但是在全数字化网络经营管理中，它却成了重中之重，是控制经营成本的基础。它是整个企业的网络配送中心，它决定着菜品成本的高低，决定着企业毛利率的高低，也决定着菜品价格的高低。那么，如何有效地控制好这一关呢？应加强以下几个方面的管理。

❶ **定标竞价，集团采购，控制源头成本**

采购是任何单位都应重视的一项工作，采购价格的高低对企业获得利润起着决定性的作用。采购"质高价优"的原料是每个企业的追求。为实现这一目标，可采用的方法是"集团采购、定标竞价"。这就是说：将所购原料的名称、质量标准列出，由供货商进行竞价，哪一家价低，哪一家中标，然后同他们直接签订供货合同，在供货渠道上，采取直接由供货商或厂家供货，减少了中间环节，降低了成本，保证了质量，从而达到了控制源头成本的目的。

❷ **控制进货数量，减少库存，减少消耗**

一定量的库存是企业所必需的，而过量库存就成为企业的一大毒瘤，它存在着卫生问题、存放的管理问题、存放的损耗问题。在有些企业，有一些原料在账上趴一年是常事，有的甚至一趴就是几年，更有甚者是原料都没了，可账上还趴着呢；也有些企业，会计怕企业的毛利点下降，就是原料坏了、扔了也不销账。这些情况都是以往餐饮企业的老大难问题。所以，只有控制好了进货数量，才能降低库存，减少不必要的损耗。

❸ 严把进货质量关，降低初加工费用

在以往的餐饮企业中，往往择菜、剥葱、剥蒜、分档取料、开生等都是由初加工这一环节进行的。这不仅使原料的出成率不好控制，而且造成初加工的卫生问题难以解决。人浮于事，轻活累活分配不均，工作量难以统计，从而造成分配问题难以处理。现在将进货质量精细化（分部位进货）、各种原料净料化，使各种原料在进入初加工这一环节时，就已经是净料了，从而减少了企业的用工，并有效地解决了初加工的卫生问题，更主要的是在一定进货质量的前提下，可以很快地将这些净原料进行加工，装入量具后，将其推入数字化网络管理平台，使其进入企业的网络运营中，产生应有的利润。所以，只有严把进货质量关，才能降低初加工费用，增加利润。

❹ 加强厨师培训，降低废料率，提高出成率

各种原料的购进，并不可以立刻载入数字化网络平台，只有在厨师数字化加工（装入量具）后，才可进入这一数字化网络平台。这时原料才有真正意义上的菜品的成本特性，也就是说进入平台的原料不仅要有数量上的体现，还应有表现出来的价格特性。原料的再加工，就会产生出成率。所列的净料率没有涉及价格，因为价格在一年中是有浮动的，但是，可根据出成率及进货价格计算初加工后的原料价格。

（二）加强网络管理力度，使数字化管理更加精准

如果一个大学毕业生讲，我在某某餐饮企业原料初加工部（物流配送中心）工作，您可能认为，这不可能。但是在现代餐饮企业中，就是这样。他可能就是初加工部的网络平台运营员，这个职位相当重要，他在网络平台上建立了一个八面玲珑的现代餐饮企业内部的网络配送中心，那么这个"网络配送中心"到底有多大的作用呢？

❶ "信息提供"是网络配送中心的主要职能

配送中心是餐饮企业的重中之重，通过它可以反映一个企业的库存状况，可以提供酒水、原材料、半成品、水果、凉菜、主食的配送等。各种原料的库存情况、领用情况一目了然，从而为当日统计总成本、毛利额提供了可靠的保证。

❷ 货源"预警"功能是正常经营的可靠保证

配送中心的货源"预警"功能，可以使企业会员源源不断。它是根据企业的运营能力定出一个量的预警值，当领用量增加使库存量达到预警值时，网络就立刻下达自动采购申请，也可自动发出采购指令。这一指令可以直接传达到第一供应商，并可在联系不上时，继续联系第二、三供应商，直到联系上并回复供货信息。当然，以上是计算机网络自动配货、送货。现在这些工作还有部分由平台营运员来完成。以后的厨师不仅会做菜，还要懂计算机的应用和网络运营，网络运营平台将是灶台之外的又一平台。

二、加强冷菜间的管理，确保菜品质量和毛利率

一个餐饮企业的冷菜岗位是非常重要的工作岗位，因为冷菜又称为"看碟"，是顾客接触到的第一道菜品。冷菜制作分为两个阶段——冷菜加工阶段和冷菜切配阶段。这两个阶段对冷菜的成本

均起着决定作用。

（一）冷菜制作标准化、数字化，才能确保出成率

冷菜岗位是一个非常特殊的岗位，因为冷菜在网络平台上开始下载的是初级原料，还要经过再加工，才能成为可以出售的品种。这一品种在加工时，又会产生新的价格。所以在加工制作时，为了稳定菜品风味，保证质量合理，有效地控制成本，就必须将加工制作标准化、程序化，用料、用时、用量数字化，只有这样才能确保冷菜出成率，才能保证装入量具。进入网络平台的冷菜，有真实的、准确的、稳定的价格。

（二）冷菜拼盘是确保正常利润率的最后一关

由于冷菜要实现加工成冷菜品种，要加工成各种形状，拼摆成盘，所以冷菜拼盘是关系到冷菜质量、价格的最后一关，包括以下几个方面。

❶ 用量是决定每个菜品售价的根本

七寸盘用多少料、八寸盘用多少料，厨师应严格按量投放，量不能少也不能多。量少了影响菜品的卖相，而且欺骗了消费者；量多了影响卖相，而且使企业受到损失。

❷ 刀工精细是搞好冷菜拼盘工作的关键

在一定量的前提下，刀工粗糙是冷菜拼摆的大敌，因为它会对菜品的质量起到相反的作用，降低点菜率；一盘刀工精细、拼摆富于艺术感的冷盘会赢得顾客的好评，增加它的点菜率。

❸ 冷菜拼摆的艺术性创造价值

一个艺术性十足的冷盘，能够激起顾客的食欲，并有助于对整个筵席气氛起衬托作用，还能增加菜品的价值，例如荷塘月色、玉泉垂虹、百鸟朝凤等。

冷菜经过拼摆后，就进入了网络服务平台，也就是最后一个运营阶段。在这一阶段，顾客可以通过自主确认键下单，不出几分钟这个菜就会出现在顾客的面前。到此，菜肴就到了网络服务平台。

三、网络配菜厨师决定菜品成本

配菜（砧板、抓菜）厨师在菜肴制作过程中，起着二传手的作用。网络配菜要求他根据每天经营情况，提前从网络上下载加工、量化后的原材料。当他接到顾客订单时（菜单显示屏），应迅速地根据菜品对质量和原料的要求，配好此菜并传到网络烹制平台。此阶段应注意以下几点。

❶ 严格按照菜品拼配标准配置，确保菜品成本稳定

配菜量的大小，直接影响菜品的成本，不稳定的配置会直接影响菜品质量。

❷ 对于不符合原料加工标准的一律退回

从网络平台上下载的加工好的原料，配菜厨师应把好验收关，对于切配不符合要求的，要坚决退回，以保证质量。

❸ 对于原、配料不齐的菜肴，不得配制

有一些原料在未用完时，应及时估清，上配网告知，并与前台取得联系。应避免发生因缺料而缺菜的情况。

四、网络调味厨师是菜肴风味的创造者和保持者

网络调味厨师一般是由本企业中经验丰富、责任心强的厨师担任,负责根据本店的风味特点调制菜品的调味料汁、调味包及可批量制作的风味菜半制成品等,一般是料汁和点菜率较高的菜品。调制此汁还要根据季节的变化而做适当的调整。此岗位的设置目的包括:规范烹调时的个人饮食行为,保证企业基本菜式的风味,便于计算常用的成本。

将调制好的调料汁、调料包制品等,装入特制的量具,才能进入网络平台供网络烹调师下载使用。对网络调味厨师的要求:①调料汁、调料包的配制需要少配勤配,以需要量决定配制量;②积极开发新味型来满足顾客的需要;③创造更加便捷的加工方式为顾客服务。

五、网络烹调厨师是菜肴质量的创造者

网络烹调厨师是餐饮企业的一个重要岗位,往往是由有经验的大厨来担任。他对每一个餐品的出品负有责任,最终决定菜品风味,并可根据具体情况对餐品的口味、芡汁、色泽做适当的调整。每天他要根据业务的情况,从网络上下载各种调味汁、调料包和必要的调味品,被动地接受网络配菜厨师传过来的配好的菜品。

网络烹调厨师的责任是:①及时完成订单任务;②严格按照菜肴制作标准投料、制作,保证风味特色;③迎合顾客口味,根据季节制作适口佳肴;④积极配合企业的创新竞赛活动,搞好创新菜的开发;⑤配合企业,开展节能增效活动。

六、网络面点师创制并保持了企业面食风味特色

网络面点师的责任是:①及时完成订单任务;②严格按照面点制作标准投料、制作,保证风味特色;③迎合宾客口味,制作适口面点;④积极配合店里的创新活动,做好面点品种的创新。

七、网络平台配送员是各部门正常运作的保证

各部门在网上下载的物品均由网络平台配送员送达,这就要求:①送达物品必须准确、及时;②减少送达过程中的损耗;③保证送达过程中的卫生。

八、网络厨师长是平台运营的总监

网络厨师长对于现代餐饮企业来说是非常重要的职位。其职责是:①负责企业各项活动的开展、执行;②负责企业创新餐点的审定、推出;③负责厨房人员的调整、奖金的发放。

九、网络服务员是企业特色饮食文化的传播者

网络服务员现在不仅应具有一般服务员的素质,还应具备:①最少一门外语(包括英语)的交流能力(领班至少两门);②可以熟练地使用网络工具介绍和宣传企业;③有一定的处理紧急事件的能

力;④领班还应具有一定的交际能力。

十、餐饮部是网络经营管理的中心

餐饮部负责执行总经理的决策,负责餐饮企业日常的经营管理工作,协调各部门的工作,完成企业各项活动的落实,员工工资、奖金的发放,外联工作等。

十一、企划、销售部是各种活动的策划中心

企划、销售部负责提供每年的活动策划书,例如母亲节、圣诞节、国庆节、春节、情人节及企业特殊节日等,供总经理决策,负责新项目开发的论证,负责销售计划的制订。

十二、总经理是网络经营管理平台的决策终端

总经理负责对企划部提出的活动进行决策,负责对企业整体经营管理的方向进行把握,负责企业的资金运作,负责企业组织调整等。

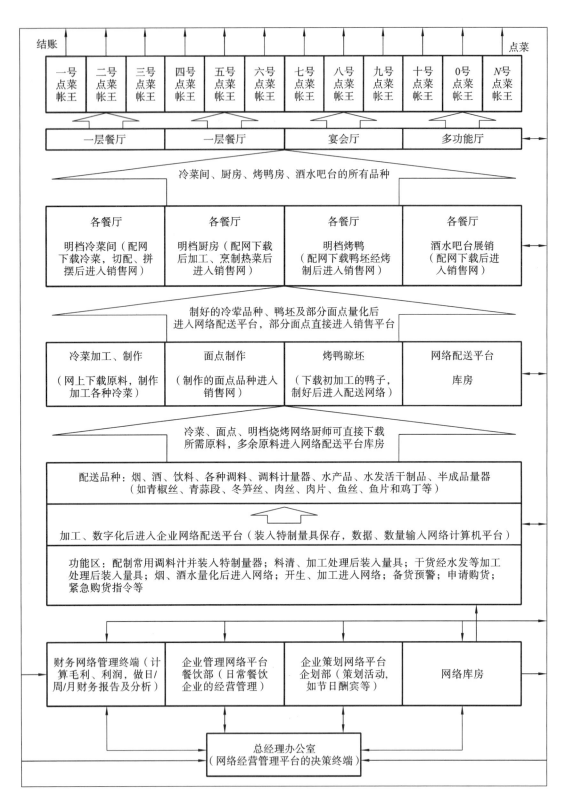

现代餐饮企业管理
——全数字化网络经营管理平台运营图

附录 B 度量衡的单位及换算

度量衡是指在日常生活中用于计量物体长短、容积、轻重的统称。在餐饮经营活动中，厨师经常要进行菜肴制作，这当中肯定会涉及食谱的精确配制及各种度量单位之间的换算，因此了解和掌握相应知识就显得十分重要。

一、长度单位及换算

国际单位中，长度的基本单位是米，用符号 m 表示。测量长度的常用计量单位包括千米（公里）、米、分米、厘米、毫米等，用符号分别表示为 km、m、dm、cm、mm 等。

1 千米（公里）＝1000 米　　　　　1 km＝1000 m

1 米＝10 分米　　　　　　　　　　1 m＝10 dm

1 分米＝10 厘米　　　　　　　　　1 dm＝10 cm

1 厘米＝10 毫米　　　　　　　　　1 cm＝10 mm

我国传统的长度非法定计量单位有寸、尺、丈、里等，它们之间的换算关系为：

1 丈＝10 尺　　　　　　　　　　　1 尺＝10 寸

1 米＝3 尺　　　　　　　　　　　　1 公里＝2 里

1 里＝500 米

二、体积（容积）单位及换算

物质所占的空间的大小称为物质的体积，容积是指容器所能容纳的体积。测量体积的公制单位包括立方米、立方分米、立方厘米、立方毫米，用符号分别表示为 m^3、dm^3、cm^3、mm^3。

固体、气体的容积单位与体积单位相同，而液体的容积单位一般用升、毫升，用符号分别表示为 L、mL。

1 立方米＝1000 立方分米（升）　　$1\ m^3＝1000\ dm^3$（L）

1 立方分米＝1000 立方厘米（毫升）　$1\ dm^3＝1000\ cm^3$（mL）

1 立方厘米＝1000 立方毫米　　　　$1\ cm^3＝1000\ mm^3$

美、英国家用加仑、品脱等作为体积单位，它们之间的换算关系为：

1 升＝0.2200 英加仑（UKgal）＝1.7598 英品脱

1 升＝0.2640 美加仑（U.Sgal）

三、质量（重量）单位及换算

国际单位制中，质量的基本单位是千克，又称为公斤，用 kg 表示。常用的质量单位还有吨、克、毫克,用符号分别表示为 t、g、mg。

1 吨＝1000 千克	1 t＝1000 kg
1 千克＝1000 克	1 kg＝1000 g
1 克＝1000 毫克	1 g＝1000 mg

我国的传统质量非法定计量单位有担、斤、两、钱、分,它们之间的换算关系如下:

1 担＝100 斤	1 公斤＝2 斤
1 斤＝10 两＝500 克	1 两＝10 钱＝50 克
1 钱＝10 分＝5 克	1 分＝0.5 克

美、英国家用磅(b)、盎司(oz)作为重量单位,它们之间的换算关系如下:

1 公斤(千克)＝2.2046 磅	1 磅＝16 盎司＝0.4536 千克

四、美、英国家常用的一些单位的换算

❶ 长度方面的换算

1 英寸＝2.5400 厘米	1 码＝3 英尺＝0.9144 米
1 英尺＝12 英寸＝0.3048 米	1 英里＝1760 码＝5280 英尺＝1.6093 千米

❷ 测量管道口径常用习惯单位

在过去我国习惯上将管道的口径称为"几分",例如 4 分管、6 分管,但现在基本不再使用。美、英国家习惯上将 1 英寸分成 8 等分,即 1/8 英寸、1/4 英寸、3/8 英寸、1/2 英寸、5/8 英寸、3/4 英寸、7/8 英寸,就相当我们所说的 1 分管到 7 分管。

❸ 美、英国家菜谱的配料单位

一般来讲,美、英国家菜谱的配料基本上都用茶匙、汤匙、杯等来估算,为了今后学习较为方便,我们这里介绍几种常用的单位换算。

1 茶匙＝5 mL	1 杯＝16 汤匙＝225 mL(固体)/250 mL(液体)
1 汤匙＝3 茶匙＝15 mL	

附录C 中式烹调师国家职业标准

1 职业概况

1.1 职业名称

中式烹调师。

1.2 职业定义

运用煎、炒、烹、炸、熘、爆、煸、蒸、烧、煮等多种烹调技法,根据成菜要求,对烹饪原料、辅料、调料进行加工,制作中式菜肴的人员。

1.3 职业等级

本职业共设五个等级,分别为:初级(国家职业资格五级)、中级(国家职业资格四级)、高级(国家职业资格三级)、技师(国家职业资格二级)、高级技师(国家职业资格一级)。

1.4 职业环境

室内、常温。

1.5 职业能力特征

手指、手臂灵活,色、味、嗅等感官灵敏,形体感强。

1.6 基本文化程度

初中毕业。

1.7 培训要求

1.7.1 培训期限

全日制职业学校教育,根据其培养目标和教学计划确定。晋级培训期限:初级不少于400标准学时;中级不少于350标准学时;高级不少于250标准学时;技师不少于150标准学时;高级技师不少于100标准学时。

1.7.2 培训教师

培训初级、中级人员的教师必须具备本职业高级以上职业资格;培训高级人员、技师的教师必须具备相关专业讲师以上专业技术资格或本职业高级技师职业资格;培训高级技师的教师必须具备相关专业高级讲师(副教授)以上专业技术资格或其他相关职业资格。

1.7.3 培训场地设备

满足教学需要的标准教室。操作间设备、设施齐全,布局合理,燃料、冷藏、冷冻等设备符合国家安全、卫生标准。

1.8 鉴定要求

1.8.1 适用对象

从事或准备从事本职业的人员。

1.8.2 申报条件

——初级(具备以下条件之一者)

(1) 经本职业初级正规培训达规定标准学时数,且取得毕(结)业证书。

(2) 在本职业连续见习工作2年以上。

(3) 本职业学徒期满。

——中级(具备以下条件之一者)

(1) 取得本职业初级职业资格证书后,连续从事本职业工作3年以上,经本职业中级正规培训达规定标准学时数,且取得毕(结)业证书。

(2) 取得本职业初级职业资格证书后,连续从事本职业工作5年以上。

(3) 取得经劳动和社会保障行政部门审核认定的,以中级技能为培养目标的中等以上职业学校本职业毕业证书。

——高级(具备以下条件之一者)

(1) 取得本职业中级职业资格证书后,连续从事本职业工作4年以上,经本职业高级正规培训达规定标准学时数,并取得毕(结)业证书。

(2) 取得本职业中级职业资格证书后,连续从事本职业工作7年以上。

(3) 取得本职业中级职业资格证书的大专以上毕业生,连续从事本职业工作2年以上。

(4) 取得高级技工学校或经劳动和社会保障行政部门审核认定,以高级技能为培养目标的职业学校本职业毕业证书。

——技师(具备以下条件之一者)

(1) 取得本职业高级职业资格证书后,连续从事本职业工作5年以上,经本职业技师正规培训达规定标准学时数,并取得毕(结)业证书。

(2) 取得本职业高级职业资格证书后,连续从事本职业工作8年以上。

(3) 取得本职业高级职业资格证书的高级技工学校毕业生,连续从事本职业工作满2年。

——高级技师(具备以下条件之一者)

(1) 取得本职业技师职业资格证书后,连续从事本职业工作3年以上,经本职业高级技师正规培训达规定标准学时数,并取得毕(结)业证书。

(2) 取得本职业技师职业资格证书后,连续从事本职业工作5年以上。

1.8.3 鉴定方式

分为理论知识考试(笔试)和技能操作考核。理论知识考试采用笔试方式,满分为100分,60分及以上为合格。理论知识考试合格者参加技能操作考核。技能操作考核采用现场实际操作方式进行,技能操作考核分项打分,满分100分,60分及以上为合格。技师、高级技师考核还须进行综合评审。

1.8.4 考评人员与考生配比

理论知识考试每个标准考场每30名考生配备2名监考人员;技能操作考核每5名考生配备1

名监考人员;成品鉴定配备 3~5 名考评员进行菜品鉴定、打分。

1.8.5　鉴定时间

理论知识考试为 90 min。技能操作考核初级为 90 min,中级、高级为 150 min,技师、高级技师为 180 min。

1.8.6　鉴定场所设备

理论知识考试在标准教室进行。

技能操作考核场所要求炊用具、灶具齐全,卫生、安全符合国家规定标准。烹调及面点制作操作间符合鉴定要求。

❷ 基本要求

2.1　职业道德

2.1.1　职业道德基本知识

2.1.2　职业守则

(1) 忠于职守,爱岗敬业。

(2) 讲究质量,注重信誉。

(3) 尊师爱徒,团结协作。

(4) 积极进取,开拓创新。

(5) 遵纪守法,讲究公德。

2.2　基础知识

2.2.1　饮食卫生知识

(1) 食品污染。

(2) 食物中毒。

(3) 各类烹饪原料的卫生。

(4) 烹饪工艺卫生。

(5) 饮食卫生要求。

(6) 食品卫生法规及卫生管理制度。

2.2.2　饮食营养知识

(1) 人体必需的营养素和能量。

(2) 各类烹饪原料的营养。

(3) 营养平衡和科学膳食。

(4) 中国宝塔形食物结构。

2.2.3　饮食成本核算知识

(1) 饮食业的成本概念。

(2) 出材率的基本知识。

(3) 净料成本的计算。

（4）成品成本的计算。

2.2.4　安全生产知识

（1）厨房安全操作知识。

（2）安全用电知识。

（3）防火防爆安全知识。

（4）手动工具与机械设备的安全使用知识。

❸ 工作要求

本标准对初级、中级、高级、技师、高级技师的技能要求依次递进，高级别包括低级别的要求。

3.1　初级

职业功能	工作内容	技能要求	相关知识
一、烹饪原料的初加工	（一）鲜活原料的初步加工	能按菜肴要求正确进行原料初加工	1. 烹饪原料知识 2. 鲜活原料初步加工原则、方法及技术要求 3. 常用干货的水发方法
	（二）常用干货的水发	能够合理使用原料，大限度地提高净料率	
	（三）环境卫生清扫和用具的清洗	1. 操作程序符合食品卫生和食用要求 2. 工作中保持整洁	
二、烹饪原料的切配	（一）一般畜禽类原料的分割取料	能够对一般畜禽原料进行分割取料	1. 家畜类原料各部位名称及品质特点 2. 分割取料的要求和方法
	（二）原料基本形状的加工，如切丝、片、丁、条、段等	1. 操作姿势正确，符合要领 2. 合理运用刀法，整齐均匀 3. 统筹用料，物尽其用 4. 工作中保持清洁	1. 刀具的使用保养 2. 刀法中的直刀法、平刀法、斜刀法
	（三）配制简单菜肴	主配料相宜	冷热菜的配菜知识
	（四）拼摆简单冷菜	配料、布局合理	
三、菜肴制作	（一）烹制一般菜肴	1. 熟练掌握翻勺技巧，操作姿势正确 2. 原料挂糊、上浆均匀适度 3. 菜肴芡汁使用得当 4. 菜肴基本味适中	1. 常用烹调技法 2. 挂糊、上浆、勾芡的方法及要求 3. 调味的基本方法
	（二）烹制简单的汤菜	能够烹制简单汤菜	简单汤菜的烹制方法

3.2 中级

职业功能	工作内容	技能要求	相关知识
一、烹饪原料的初加工	（一）鸡、鱼等的分割取料	剔骨手法正确，做到肉中无骨，骨上不带肉	动物性原料出骨方法
	（二）腌腊制品原料的加工	认真对待腌腊制品原料加工和干货涨发中的每个环节，对不同原料、不同用途使用不同方法，做到节约用料，物尽其用	1. 腌腊制品原料初加工方法 2. 干货涨发中的碱发、油发等方法
	（三）干货原料的涨发		
二、烹饪原料的切配	（一）各种原料的成型及花刀的运用	刀功熟练，动作娴熟	刀工美化技法要求
	（二）配制本菜系的菜肴	能按要求合理配菜	配菜的原则和营养膳食知识
	（三）雕刻简易花形，对菜肴作点缀装饰	点缀装饰简洁、明快、突出主题	烹饪美术知识
	（四）维护保养厨房常用机具	能够正确使用和保养厨房常用机具	厨房常用机具的正确使用及保养方法
三、菜肴制作	（一）对原料进行初步熟处理	正确运用初步熟处理方法	烹饪原料初步熟处理的作用、要求等知识
	（二）烹制本菜系风味菜肴	1. 能准确、熟练地对原料挂糊、上浆 2. 能恰当掌握火候 3. 调味准确，富有本菜系的特色	1. 燃烧原理 2. 传热介质基本原理 3. 调味的原则和要求
	（三）制作一般的烹调用汤	能够制作一般的烹调用汤	一般烹调用汤制作的基本方法
	（四）一般冷菜拼盘	1. 冷菜制作、拼摆、色、香、味、形等均符合要求 2. 菜肴盛器选用合理，盛装方法得当	1. 冷菜的制作及拼摆方法 2. 菜肴盛装的原则及方法

3.3 高级

职业功能	工作内容	技能要求	相关知识
一、烹饪原料的初加工	（一）整鸡、整鸭、整鱼的出骨	整鸡、整鸭、整鱼出骨应下刀准确，完整无破损，做到综合利用原料，物尽其用	鸡、鸭、鱼骨骼结构及肌肉分布
	（二）珍贵原料的质量鉴别及选用	能够鉴别珍贵原料质量并选用	1. 珍贵原料知识及涨发方法 2. 干货涨发原理
	（三）珍贵干货原料的涨发	能够根据干货原料的产地、质量等，最大限度地提高出成率	
二、烹饪原料的切配	（一）制作各种蓉泥	蓉泥制作精细，并根据不同需要准确达到要求	各种蓉泥的制作要领
	（二）切配宴席套菜	冷菜造型完美，刀工精细	宴席知识
	（三）食品雕刻与冷菜拼摆造型	食品雕刻及拼摆造型形象逼真	烹饪美术知识
三、菜肴制作	（一）烹制整套宴席菜肴	1. 菜肴的色、香、味、形符合质量要求 2. 根据宴席要求统筹安排菜肴烹制时间和顺序	1. 合理烹饪知识 2. 少数民族的风俗和饮食习惯
	（二）制作高级清汤、奶汤	清汤、奶汤均达到质量标准	制汤的原理和原则

3.4 技师

职业功能	工作内容	技能要求	相关知识
一、菜肴设计与创新	（一）使用新原料、新工艺	1. 使用新的原材料，运用新的加工工艺创造新的菜肴品种，做到口味多样化 2. 借鉴本地区以外的菜系，不断丰富菜肴款式，且得到宾客好评	1. 中式各菜系知识 2. 中国烹饪简史和古籍知识 3. 中华饮食民俗 4. 营养配膳知识
	（二）科学合理配膳，营养保健		
	（三）推广新菜肴		

续表

职业功能	工作内容	技能要求	相关知识
二、宴席策划主理	（一）宴席策划	1. 参与策划高档宴席，编制菜单 2. 主理制作高档宴席菜点 3. 高档宴席菜点能在色、香、味、形、营养、器皿等诸方面达到较高的水平，满足宾客的合理需求	1. 宴席菜单编制的原则 2. 中式面点制作工艺
	（二）主理高档宴席菜点的制作		
三、厨房管理	（一）人员管理	调配本部门人员，完成日常经营任务，并调动全员的工作热情，严格遵守岗位责任制	企业管理有关知识
	（二）物品管理	把好本部门进货质量和菜品质量关，能节约用料，降低成本	
	（三）安全操作管理	安全操作，防止各类事故发生	
四、培训与指导	对初级、中级中式烹调师进行培训	1. 基本功训练严格、准确并有耐心和责任心，同时根据培训目标和培训期限，组织实施培训 2. 指导工作随时随地进行，并亲自示范，指出关键要领，做到言传身教	生产实习教学法

3.5 高级技师

职业功能	工作内容	技能要求	相关知识
一、菜肴设计与创新	（一）开发新原材料和调味品	继承传统，保持中国菜特色并开拓创新	1. 世界主要宗教和主要国家、地区饮食文化 2. 国外烹饪知识
	（二）改革创新制作工艺	改革创新，使烹制菜肴工艺快捷简便，营养科学	
二、宴席策划主理	（一）独立策划宴席，编制菜单	1. 能主理各种形式、不同规模的餐饮活动 2. 根据宴席功能主理制作富有特色的宴席	1. 宴席营养知识 2. 中西饮食文化知识 3. 珍贵稀有原料方面的知识
	（二）烹制稀有珍贵原料的菜肴		

职业功能	工作内容	技能要求	相关知识
三、厨房管理	（一）厨房人员分布 （二）参与全店经营管理 （三）协调餐厅与厨房的关系 （四）解决厨房中的技术难题	1. 合理分布厨房各部门人员 2. 保证经营利润指标的完成 3. 加强巡视，全面指导各级中式烹调师的工作 4. 能够使用计算机查询相关信息，并进行厨房管理	1. 公共关系学的有关知识 2. 餐厅服务知识 3. 消费心理学知识 4. 饭店经营管理知识 5. 计算机使用基本知识
四、培训与指导	对各级中式烹调师进行培训指导	1. 能编写对各级中式烹调师进行培训的培训大纲和教材 2. 指导各级中式烹调师的日常工作	1. 教育学方面的知识 2. 心理学方面的知识

4 比重表

4.1 理论知识

项目		初级/(%)	中级/(%)	高级/(%)	技师/(%)	高级技师/(%)
基本要求	职业道德	10	—	—	—	—
	基础知识	10	15	10	—	—
相关知识	烹饪原料知识	20	15	10	—	—
	烹饪原料的初加工	20	15	15	—	—
	烹饪原料的切配	20	25	30	—	—
	菜肴制作	20	30	35	30	20
	菜肴设计与创新	—	—	—	40	40
	宴席策划主理	—	—	—	20	30
	厨房管理	—	—	—	5	5
	培训与指导	—	—	—	5	5
合计		100	100	100	100	100

4.2 技能操作

项　　目		初级/(%)	中级/(%)	高级/(%)	技师/(%)	高级技师/(%)
技能要求	烹饪原料的初加工	10	10	5	—	—
	烹饪原料的切配	30	30	25	—	—
	菜肴制作	60	60	70	—	—
	菜肴设计与创新	—	—	—	20	30
	菜点制作	—	—	—	50	25
	宴席策划主理	—	—	—	20	30
	厨房管理	—	—	—	5	10
	培训与指导	—	—	—	5	5
合计		100	100	100	100	100

主要参考文献

［1］　周龙腾.酒店会计［M］.北京:中国宇航出版社,2010.

［2］　黄丹,何海兰.餐饮成本核算［M］.北京:高等教育出版社,2009.

［3］　于樑洪.餐饮企业运营与管理［M］.北京:高等教育出版社,2018.

［4］　万光玲.餐饮成本控制［M］.沈阳:辽宁科学技术出版社,1998.

［5］　王美萍.餐饮成本核算与控制［M］.北京:高等教育出版社,2010.

［6］　段仕洪,彭艳琼.现代餐饮成本核算与控制［M］.2版.上海:上海财经大学出版社,2016.

［7］　郭宏亮.餐饮成本核算实务［M］.重庆:重庆大学出版社,2018.

［8］　匡粉前.餐饮成本核算与控制一本通［M］.北京:化学工业出版社,2012.

［9］　张毅.漫画饮食文化［M］.重庆:重庆大学出版社,2014.

［10］　张仁庆.烹饪基础理论［M］.北京:中国时代经济出版社,2006.

［11］　蔡万坤.餐饮管理［M］.北京:高等教育出版社,1998.

［12］　何海兰.餐饮成本核算［M］.北京:高等教育出版社,1995.